学习力

孩子，你是在为自己读书 ②

让孩子成绩暴涨的高效学习法

周舒予◎著

北京理工大学出版社
BEIJING INSTITUTE OF TECHNOLOGY PRESS

图书在版编目（CIP）数据

孩子，你是在为自己读书. 2，让孩子成绩暴涨的高效学习法 / 周舒予著. —北京：北京理工大学出版社，2020. 4 （2020.6重印）

ISBN 978 – 7 – 5682 – 8127 – 0

Ⅰ. ①孩…　Ⅱ. ①周…　Ⅲ. ①读书方法 – 青少年读物 ②学习方法 – 青少年读物　Ⅳ. ①G792–49

中国版本图书馆CIP数据核字（2020）第021684号

出版发行 / 北京理工大学出版社有限责任公司
社　　址 / 北京市海淀区中关村南大街5号
邮　　编 / 100081
电　　话 / （010）68914775（总编室）
（010）82562903（教材售后服务热线）
（010）68948351（其他图书服务热线）
网　　址 / http: //www. bitpress. com. cn
经　　销 / 全国各地新华书店
印　　刷 / 唐山富达印务有限公司
开　　本 / 710毫米 × 1000毫米　1 / 16
印　　张 / 17
字　　数 / 262千字
版　　次 / 2020年4月第1版　2020年6月第2次印刷
定　　价 / 39.80元

责任编辑 / 申玉琴
文案编辑 / 申玉琴
责任校对 / 刘亚男
责任印制 / 施胜娟

前　言

从“我要学”到“我会学”

孩子，转眼间，你从矮胖的小豆丁长成了翩翩少年。我喜欢看到你长大的样子，不只是你容貌的焕发、身量的拔高，我想我更喜欢看到的，是你越发地成熟，是你为人处世时的笃定自信，是你在遇到困难时的沉着冷静，是你在遭遇烦恼时的理性应对……这些才是代表你成长的最重要的标志。

而要获得这样的标志，你恐怕只有一条路可走，那就是读书。

回忆你还是小豆丁模样的时候，你挑出自己喜欢的书，举着跑到我面前，说“妈妈，给我念念”，“爸爸，我想听个故事”。你渴望的样子让人感到好笑，但也令我感到欣慰。我把故事读给你听，你听得认真而专注，还会问问题，想想那个画面，真的很美好。

直到有一天，你识了字，你兴奋地表示“我要读”，你磕磕绊绊地把认识的文字念出来，面对不认识的文字，你连蒙带猜，念着认识的那一半偏旁部首，你是不是觉得自己成就感满满?

但是孩子，你要知道，读书，并非只是这样一字一句念出来，这只是一种表面行为。你从“我要听”，变成了现在的“我要读”，这是一个很好的进步，不过，你还需要再进一步，因为如果你想要实现知识的积累，实现思想的深邃，实现行为的睿智，你就要把“我要读”变成“我会读”。

其实，读书，在每个人的人生中，都代表着一个独特的概念：读书 = 学习。这是绝对的真理。所以，你的“我要读”到“我会读”的转变的最根本的意义，就是“我要学”变为“我会学”。

孩子，我希望你能好好读书。

不过，孩子，你知道我为什么想要你好好读书吗？你知道我为什么期待你可以通过努力将“我要学”变成“我会学”吗？

中国古籍《管子·牧民》中说：“仓廪实而知礼节，衣食足而知荣辱。”至圣先师孔子曾说：“吾十有五而志于学。”明代心学大师王阳明先生也说：“志不立，天下无可成之事。”

1943年，美国心理学家亚伯拉罕·马斯洛在《人类激励理论》的论文中提出，人类需求像阶梯一样，从低到高按层次分为五种，分别是：生理需求、安全需求、社交需求、尊重需求和自我实现需求。

不管是中国古圣先贤的智慧，还是西方心理学家的思考，都发现“完善自我”是人生最高的需求，所以从这个层面来看，“我要学”也完全可以被归为人的自然发展需要，每个人都应该有不断向上的追求。

而“我会学”就要更高一级了，会，意思是知道为什么去做、怎样去做，也知道如何做得更好，如何实现甚至是超出自己的预期。

你的人生只有你自己能走，“我要学”是你为自己的人生铺路，但“我会学”则是你可以选择给自己铺一条怎样的人生路。换一句比较通俗的话来说就是，如果你只是要学，也许你走的就是普通的路，只要往前走，人生就能继续；但若是你会学了，学得精，学得巧，学得让自己收获更多，那么你的人生就会变成一条“金光大道”。

孩子，我之所以希望你能做到“我会学”，是因为未来你经历的越来越多，那么你需要学的东西也会越来越多，如果不会学，你所学的可能就不是你真正需要的，你学的那个过程也可能并不能让你感到快乐，你也就无法获得你所期望的收益；是因为能不能学得更好，将决定你生命的高度与广度，你只有实现真正意义上的“会学”，你才能走上那条认识自我、丰富生命的途径；是因为只有会学的人，才能发掘自己最大的潜能，你才能遇见那个最好的自己，并遇见和你一样好甚至是更好的他人，你的世界才会变得更美好，“士大夫三日不读书，则礼义不交于胸中，便觉言语无味，面目可憎”，北宋著名文学家、书法家黄庭坚用这句话提醒我们不读书的坏处，如果你读书，且会读，会学习，你一定可以塑造出懂礼义、善言谈、面和善的自己，你也将享受到更深层次的心灵快乐。

孩子，我真的很高兴看到你愿意为自己的人生打开学习之门。你懵懵懂懂地迈上学途，你将要面对的是无尽的未知，所以你一定要掌握“会学”的种种秘技。这个过程可能会很辛苦，也会在某些时刻给你带去迷茫，但你要坚定，只有不放弃你才有机会去发现更好的“会学”的方法；你也要虚心，没有谁不需要他人的指点就能进步；你还要坚强，正是因为屡次失败，你才能找到那条最适合自己的路；当然，你一定要独立，还是那句话，你的路只能自己走，只有做到独立，才意味着你真正掌握了“会学”的本领。

孩子，从“我要学”到“我会学”，也许你能很快开窍，也许你还需要一阵摸索，但不管怎样，我都为你准备了一些提示，这些提示有的是建议，有的是方法，有的是他人宝贵的经验。我希望你可以好好看一看，你要在自己的基础上去看，结合自己的能力去看。如果提示有用，你要付诸行动，“见贤思齐”，是你进步的有效途径。

我期待有一天，你能自如地面对一切，当你真的实现了“我会学”，不只是现阶段的学习中你会有莫大的收获，这项技能，将会成为你整个人生都需要的重要技能，它会协助你打造一个最美好的未来。

孩子，好好读书吧，让自己成为学习的高手！加油！祝福你！

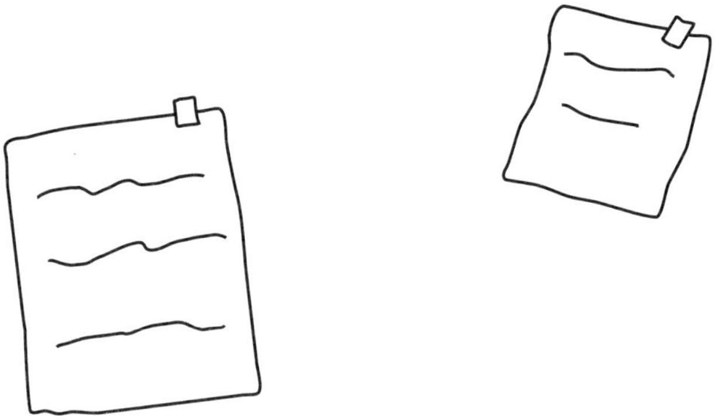

目　录

第五章 学会时间管理，运用好你的每一分钟

第六章 唤醒沉睡的注意力，精神百倍去学习

第七章 提升记忆力，练就你的最强大脑

第八章 学会认真听讲，全面提升学习效率

第九章　掌握做笔记的技巧，让学习事半功倍

第十章　重视写作业，持续完善你的学习

第十一章　加强课后复习，让你变身“学霸”

第十二章　懂得应试技巧，好成绩就在你手中

第一章

孩子，我为什么要你好好读书？

● 我现在是个孩子，难道不应该好好玩吗？

你可以好好玩，但是只有读书才能让你成长，你才能真正知道该玩什么、怎么玩。

● 那我不是已经在上学了吗？上学不就是在读书？

上学的确是去读书，但如果你这样问，就意味着你把上学看成了一件被动的事情，你是不得不去上学，而非自己想要去改变自我。我觉得，你需要好好认识一下“读书”这件事。我想你应该去了解，读书，对你自身，对你的言行举动，对你的人生未来，都会带来怎样令你意想不到的影响。来吧，孩子，我告诉你，我为什么希望你能好好读书。

读书，是改变命运的最有效方式

有人说，“读书改变命运”，这是非常有道理的！这世界有太多的人都在享受着读书给自己命运带来的改变。

因为读书，我们识字，知道一些基本的道理，于是我们日后可以和人正常交流，凭借认识的字、了解的道理，进而学到一些东西，之后便可以满足自身一些基本的生活需要。换句话来说，如果不曾有过一丁点的读书行为，人就会一直都处于蛮荒无知的状态，除了吃喝拉撒睡与繁育后代，再无其他的需求，这样的生活与动物无异。而只要读了书，人都会从中有收获，只不过读得少，所见所需就少，生活质量和标准便低，读得多，眼界就会变宽变高，生活的质量和标准自然也就节节高升。

所以，从这一点来看，读书，的确是左右命运的一个必然存在的方式。也就是说，大多数人，通过最基本的读书，让自己成了与众生物不同的更高级的生物——人。

但是人的生活只是这么简单吗？显然不是的。

元代戏曲家高明在《琵琶记》中说：“十年寒窗无人问，一举成名天下知。”这讲的正是在我国古代，读书给普通人带来的命运的改变。十年寒窗，是常年刻苦读书的写照，古人以入仕为读书的最终目的，一旦在考试中高中，放榜天下，自然是天下人皆知。不仅如此，高中之人定会被委以重任，成就治国平天下的大业，可不更能为天下所知吗？

比如说范仲淹，他的经历算得上是“读书改变命运”的典范，他的一生，“布衣为名士，州县为能吏，边疆为名将，朝廷为良相”，更让后世之人敬仰的，还有由他而起的范氏家族近千年兴盛不衰的传奇。

范仲淹幼年丧父，少年求学时，便因家境贫困时常食不果腹，但这并没有阻挡他的求学之路。22 岁时，范仲淹前往南都应天府书院（在今河南省商丘市）求学，拜师著名教育家戚同文。经历这数年的寒窗苦读生涯，博通儒家经典要义的范仲淹，不仅博学多才，更是从书中学到了礼义德行，已经颇具慷慨兼济天下的抱负。1015 年，26 岁的范仲淹经过苦读最终高中及第，从一介寒儒晋升为进士，自此 28 年之后，他从主政一方的官员跃升为参知政事（副宰相）。

虽然成为朝廷重臣而公务繁忙，但范仲淹对于家中后辈的读书学习问题却从不放松，他在家信中就曾经指出，希望孩子们能够发奋学习，每天都必须要钻研功课，苦读苦练，绝对不能得过且过、混天度日；同时也提醒他们，只有学有所成，才能入仕为国为民效力，有所成就。后来范仲淹还专门撰写了《家训百字铭》《训子弟语》，以“勤读圣贤书，尊师如重亲”“字纸莫乱废，须报五谷恩”“耕读莫懒，起家之本”“字纸莫弃，世间之宝”等教诲向家中子弟强调读书的重要性。

范仲淹以自己为榜样，再加上恰当的引导教育，使得范氏子孙无一不在学业上发奋上进，后来范家更是名臣良相辈出，这不仅是世间美谈，更为时人所景仰。

古语有云：“道德传家，十代以上，耕读传家次之，诗书传家又次之，富贵传家，不过三代。”范仲淹以自身读书开始，积累知识的同时也提升道德素养，范氏家族之所以获得壮大并兴盛，是因为范仲淹不懈努力的读书。读书改变命运，在范仲淹身上得到了最好的证明。

有人可能会说了，古代读书考取仕途，这是古人的思想认知，也是古人的命运路径，为了出人头地，这是必经之路。看现如今的时代，太多的“博士硕士给小学毕业的人打工”的例子，太多的“网红日进斗金”的例子，读书对于现代人来说，还是如古人那般那么重要吗？

《国际金融报》记者曾经对中国 A 股 500 名上市公司高管的教育

程度进行分析调查，结果发现，84% 的高管拥有高学历，一半的高管毕业于“985”学校。薪酬排名前 10 名的董事长，其中有 8 位毕业于重点本科院校。

看看给我们现如今的生活带来巨大改变的企业与企业家，你还觉得读书对现代人的命运没有影响吗?

明代吴麟征居官时写有寄训子弟之书《家诫要言》，其中便讲“少年人只宜修身笃行，信命读书，勿深以得失为念。所谓得固欣然，败亦可喜”，意思便是，人在年轻的时候，只应该多读书，提升自身素养是最为首要的事情，而不必计较一时得失，机会多的是，来日方长。联合国教科文组织也曾经指出：“谁掌握了知识和技能，谁就拥有了走向人生的通行证。”

可见，无论古人今人，都在提醒我们“读书改变命运”是一个真理，此时我们正是“修身笃行”的大好时光，一心只读圣贤书，这才是我们对自己人生负责的表现。掌握了更多的知识与技能，我们不仅能够获得成功，更能创造属于自己的精彩人生。

不要被“读书无用论”的谎言所迷惑

不知道从什么时候起，社会上开始流行“读书无用论”的说法，言辞凿凿，甚至还有理有据，很多人都被“洗了脑”。

但实际上，宣扬“读书无用”的这些人，一般都是这样几种情况：

第一种情况，表面看是在抱怨“读书无用”，其实是在抒发自己因为没有用武之地或者不得赏识而郁闷的心情。这样的人，可能的确是有才学的，但性格方面、人际交往方面却存在问题，比如，有的人性格孤僻，不会好好处理人际关系，自己融不进集体；有的人心胸狭窄，见不得别人好，但又好大喜功，不得人心；还有的人很自闭，只愿意待在熟悉的地方，不会也不敢与人交际，空有一身本事却无处施展、无人知晓；等等。这样的人哪怕读了不少书，也没法有所成就。

第二种情况，本来就因为成绩不好上了一个不算好的学校，在学校里依旧不认真，因为看不到自己明显的变化，也因为学校资质等硬件不够“硬”，导致后期的工作、人际交往等都受到影响。比如，有的地方只接纳来自重点学校的学生，而来自非重点学校、学习成绩又不好的人，可能连投简历、自我介绍的机会都没有。即便如此，这样的人也会因为自己是上过学的、是有学历的，反而瞧不起普通的工作，不愿意去做他自己都看不上的事情，高不成低不就。在这样的人看来，就变成了“我上了学，结果不还是找不到工作，没人愿意接纳”，所以“读书无用”啊！

第三种情况，没有接受过多少教育，但是头脑精明，有敢闯敢干的劲头，不论是什么，只要能带来利益，都愿意冒险去尝试。这样的人一旦赚了钱，就会产生一种“不读书我也一样过得很好”的心理。尤其是当他有了自己的事业，并不断把事业做大时，招募来更多的人才，他就更会认为：“看吧，这些博士、硕士、大学生还要给我打工，读书有什么用？”

但真要认真分析起来，这些人对“读书无用论”的论证都是站不住脚的。第一种人纯粹是自身的原因，他们只要弥补自身的缺陷，让自己不再有短板，人生自然会打开新的大门；第二种人只是读了书但读得远远不够，只要不断充实自己，就能让自己配得上内心的期望；第三种人的财富是暂时的，如果他没有提升自我的意愿，眼界终将不够宽、头脑终将不够用，但他们原本就头脑精明，只要能加强后天学习，进一步提升自己，事业自然会有大发展。

由此可见，读书怎么是没用的呢？没用的从来都只是那个否定读书行为的自己罢了。

读书这一行为，在这个世界上已经留存了几千年，因为读书而做出大成就的人数不胜数。

> 据调查，犹太人平均每年读书 64 本，以犹太人为主的以色列是全球人均阅读量第一的国家，拥有位居世界前列的图书馆和出版社数量。犹太人的人口仅占世界人口总数的 0.2%，但他们却拿走了诺贝尔奖中将近 1/4 的“份额”。被评选为“千年第一思想家”和“千年第一伟人”前两名的马克思和爱因斯坦，也都是犹太人。

从这些数据中，你感觉到读书的力量了吗？

其实在你自己身上，读书给你带来的改变也是显而易见的。比如之前你看见花，只会说“花真好看呀”，但是当你读了书，你可以说“浓绿万枝红一点，动人春色不须多”，这种由书中的内容所带来的内心愉悦，显然要比一句“好看”更让你感受深刻。

而且，通过读书，你会了解你未曾经历过的历史，也会“去到”那些你不曾涉足的地方，还能上天入地爬山下海，你能了解一个人、一个国家、一个星球，你也能学会说各种各样的语言、掌握各种技艺，说到底，你去上学，读的那些课本，不也正是你提升技能的最基本内容吗？

只要你愿意读，读书永远都是有用的，因为说不准在什么时候，那些书送给你的知识就会发生作用，也许是在你参观博物馆的时候，头脑中的历史知识帮助你更好地理解古人；也许是在你想要出力做工的时候，书上提醒过你的物理知识能帮你想到方法；也许是在你产生错误观念的时候，那些曾经印刻在你心中的名言警句、圣贤智慧能帮你悬崖勒马，让你一个转念，重新走上正路……读书带给你的好处是无法估量的。

所以不要相信那些负面的“读书无用论”，只有你自己真实的经历和感受，才能给读书下一个最直接的论断，只有那些读书带来的正能量启示，才能让你看到读书真正的力量。有意义的付出永远都能换来有意义的回报，读书，多读书，读好书，你的人生终将因为这些书而发生巨大的变化，也许是在不知不觉间，也许就在你蓦然回首时。

这个社会正在惩罚不读书的人

当代作家龙应台对儿子安德烈说：“孩子，我要求你读书用功，不是因为我要你跟别人比成就，而是因为，我希望你将来会拥有选择的权利，选择有意义、有时间的工作，而不是被迫谋生。”这段话是不是能给你一点启示呢？

如果你不读书，那么你将会受到来自社会的“惩罚”。这个惩罚会剥夺你的选择权和对生活的自由支配权，让你不得不为了能生存下去而疲于奔命。

可能有人会提醒你，看看那些“高分低能”的人，读的书多吧，结果还不是什么都不会做；看看那些高学历的人，还不是因为“只读书，不问事”，结果和社会脱节，也不能走入社会；看看那些暴发户，难道你的内心就没有酸柠檬、酸葡萄的感受吗？就没想过“他们怎么就命那么好”吗？

要解决这些疑问，我们先来分析一下高分低能、只知读书和一夜暴富这几种情况。

第一，高分低能。

很多人断定，那些成绩特别好的人，其他能力肯定也不怎么样。但是，真正的“高分低能”并不是普遍性的行为，它之所以能在社会上流传如此之广，是因为它恰好符合了统计学上的“幸存者偏差”的原理。

所谓“幸存者偏差”，就是当所获取的信息，仅来自幸存者，因为死者不能说话而忽略了已死的人，那么这些信息内容就可能会存在与实际情况不同的偏差。

那些深信“高分低能”的人，就是因为只采集了低能者曾经考过高分这一事实，就错误地认为“凡是高分者一定都低能”，却完全忽略了更多的高分者也有高能的事实。这样的论调很能迎合那些不想下苦功夫学习但又颇为期待意外幸运降临自身的人，他们不会把“高分”与自身勤奋联系在一起，更愿意恶意揣测高分的人肯定都是低能，以此来“安慰”自己。也就是说，“高分低能”这一论调，不过都是不愿意努力的弱者在自我麻痹罢了。

实际上，绝大多数人更喜欢“高分”，如果有机会高分，没有人愿意放弃这个机会。至于说低能，其实是一个可变量，只要努力，加强自身能力，就能让它变成“高能”。所以最终，“高分高能”才是所有人的追求。

不要轻易就被那些“高分低能”的论调所蒙蔽，你应该去为真正的“高分高能”而努力。

第二，只知读书。

社会上有一类人，对于读书有一种偏执的情感。他们拼命地读书，不断地深造，人生的前三分之一似乎一直都在学校中度过。

这样的人的确有一部分是出于不知道怎么接触社会的原因，从而不敢也不愿走出校园简单单纯的象牙塔。但也的确有一部分人是真的在借助不断深造，学到更多的内容，掌握更多的技术能力，从而在未来工作中做到有备无患。知识成为他不断开拓能力的基础，并帮助他创造更多的财富。

而且，我们说有些人“只知道读书”，那是从我们自己的角度出发去表达自己看到的场景，并不能反映真实情况，读了非常多的书对于一个人产生怎样的改变，是那个读书人自己的感受，别人原本就无权评论，你永远不知道读了书的人从书中看到了什么、知道了什么，又精通了什么。

所以，不要只看到表象，你一定要看到内里。读书永远不会没用，但不读书却一定会让你慢慢变得没用。当然，我们自然是不能做前一种“埋头在学校里逃避社会”的人，你要知道读书到底为了什么，要让读书帮你获得真正的成长。

第三，一夜暴富。

有些一夜暴富的人读书并不多，只靠着时运、机遇，凭借自己灵活的头脑和手腕，耍一耍小聪明，获得了更多的利益。

但这样的人很多眼光并不长远，突如其来的暴富会让他们更狂热地追求利益。也正因为没有读过很多书，所以他们并不重视知识和高学历人才，也不会认真考虑怎样支配财富以及如何保富、延富。所以绝大多数的暴发户都如流星一样一闪而过，并不能实现长久富裕。

不过，那些经历过读书积累的“一夜暴富”者则不同了，他们会对自己眼下得到的东西有清醒的认知，可以通过分析、思考来寻找合适的继续创造财富的道路。也正因为读过很多书，他们对于审时度势会更加重视，对于人才也会更加重视，绝对不会轻视知识所带来的力量，这样的人的成功之路会走得更远，而且也会越走越宽。哪怕遇到问题，他们也能知道从哪里去寻找解决之道。

所以，你觉得社会对待读书人是怎样的呢？

没错，社会一直都只接纳真心读书的人，那些不读书的人，也许一时可以感受到利益所带来的好处，但这种感受就如昙花一现，总会消失，不读书，必将受到惩罚。

而且现代社会，比之以前，对于读书的要求更高了。比如，以前可能小学毕业、中学毕业，只要你愿意学，有一门技能，你都能找到合适的工作并保证自己的生活，但是现在，人们普遍的教育水准都提升了，就如招一个厕所清洁员都需要学历一样，你读的书越多，才越可能碰到机会。

所以再回到开头，读书就意味着你有更为丰富的底蕴储备，你可以有更多种选择，去让自己的工作生活变得更符合自己的需求。

如此说来，你是愿意接受社会的惩罚，还是接受自己给自己带来的质的飞跃呢？

读书的厚度，将决定你人生的高度

如果有机会，人人都希望自己能往高处走，值得推崇的人生道路，应该是一路向上的，而能够站到怎样的高度，则完全取决于你自己的作为。

有人说，读书是最廉价的高贵，只需要你翻开书，认真读，看进去，有思考，你就已经在迈向不同的人生道路了。读书是改变命运的基本途径，用另一种说法来解释这句话，就是读书会让你的人生发生质的飞跃，读得越多，你可能达到的人生高度就越高。

有一个很典型的例子——“北大保安”。这些或来自社会底层的普通人，或怀揣梦想的读书人，虽然身为保安，但却愿意通过读书来改变自己的命运，这群原本可能被大多数人忽略的人，踩着书做成的阶梯，一步步向上迈，达到了比许多人还要高的人生高度，他们拿到了学位，甚至是比普通大学生更高的学位，有的人还成为教书育人的知名老师，还有的人出了书，甚至成为影响中国教育的人。

这些“北大保安”，用他们自己的亲身经历告诉更多的人，不管是谁，不管你曾经的地位如何，只要读书，你的人生总会有变化，读得书越多，你的人生高度就会随着书的变厚而变得越来越高。

古诗有名句“腹有诗书气自华”，意思是，一个人书读得多了，就会自然受到书中内容的影响，守礼、有思想、谈吐文雅，整个人会显得有气质、有内涵。这样的人思想高度就会不一样，有了思想，自然会有大格局，看问题会更深刻，想事情也会更深远，如此一来他想要做的事情或者即将要做的事情就都会变得更有高度，如果他不断努力，以书所提供的内容作为基础，在知识储备的帮助下去做更多的事情，他的人生就会达到更高的高度。

那么接下来，你到底应该怎么把书读厚，或者说你怎样才能让那些书的厚度支撑起你人生的高度呢？建议你做到下面这几个“一定”。

首先，一定要读好书。

读书的厚度支撑人生的高度，但这个“厚”是读好书积累出来的厚度。

好书并没有种类的限制，比如古圣先贤留下来的传统经典，以及今天的一些文学、历史、地理、天文、科技、自然等类的好书。真正的好书，是有内容的，是能让你从中有所收获的，这个内容可以是知识层面的内容，可以是思想层面的内容，就是要让你看完之后能从书中学到些东西。同时，它也要有积极正向的意义，是传播正能量的，是教人向善的，是让你的德行思想有所提升的。只有好书才能为你带来好的德行，而德行对于读书人来说最为重要。只有这样的书，你读了，且读得多了，才会帮你构建更高的人生高度。

其次，一定要养成好的读书习惯。

读书的厚度是怎样建立起来的？当然是习惯成自然，自然成积累了。好的读书习惯会帮助你提升读书效率，会让你有更多的精力去读更多的书，也会让你始终保持良好的读书兴趣，并帮助你尽可能地从书中获取更多对你有意义的内容。

这里向你推荐“朱子（南宋理学家朱熹）读书法”，即循序渐进、熟读精思、虚心涵泳、切己体察、着紧用力、居敬持志。同时，朱熹《童蒙须知》中也提到了著名的“三到”读书法，即心到、眼到、口到。这些古人传下来的非常有用的读书方法你都可以尝试一下，并由此形成良好的读书习惯。

另外，每天读几本、什么时候读、读多久，这些你也要好好计划一下，要养成好习惯也是需要时间的。

再次，一定要坚持读书不懈。

养成一个习惯需要时间，但是放弃一个习惯却可能只是一瞬间的事。有的人可能在学生时期还有很好的读书习惯，但是离开学校之后，就懈怠下来。虽然早期读的书可以成为成长的基础，但若没有日后的巩固，一个人最终的高度可能就只能建立在早期读书的基础之上了。

所以，你一旦养成了读书的好习惯，就要将它坚持下来，只有坚持不懈，你读的书才更能发挥它的意义。也只有坚持读书的习惯，你才会读到更多更好的书，然后这些书的厚度就会帮你构建更高的人生高度。

最后，一定不要轻易“为人所动”。

很多人在少年时期，心性并不够坚定，外界稍微有一些风吹草动，都有可能让他有所改变。比如，有的人原本有读书的习惯，但是看到周围人都不读书，都能痛快地玩，他也就动了心思，认为“为什么只有我必须要读书”，然后他可能也就随之放弃了读书的好习惯。尤其是有些并不算好的朋友，错误的劝说就会给人带去错误的引导。

你一定要磨练自己的心性，通过读书，应该对很多事有自己的判断，他人说了什么，你要有所分辨，坚定地坚持自己要走的路，你才能顺着自己想要的高度去攀登，进而实现自己的人生目标。

读万卷书，你的人生不会失去方向

一路前行，我们需要找准方向，否则就如进入沙漠，满眼黄沙，何处前行？同样道理，每个人的人生也都需要方向，正确的人生方向会引导一个人走向美好的未来，错误的方向注定会把人引入黑暗的深渊。所以生而为人，从一开始，我们便已经进入了小心翼翼的前行模式，设定人生的方向，成为我们必须要面对的一项重要事项。

怎么去确定自己的人生方向？你同样可以借助一项重要的工具——书籍。读书除了可以帮助你攀登人生高峰，更能帮你把握好人生的方向，一本好书，甚至可以让一个人如醍醐灌顶，不仅走向自己的人生巅峰，也为社会创造更多的财富价值。

所以，只要安心去读万卷好书，你的人生一定不会失去方向。

你可能会问：为什么读书这个行为连人生方向都能帮我们规划好呢？

原因有以下几点：

第一，读书会打开你的眼界。

人们对于新奇的事物都会或多或少地产生好奇心，说不准你对哪一个事物感到新奇，然后就忍不住去探索，为了了解更多就继续去学习，进而你的人生也就走上了研究或学习这一事物的方向。

而读书，就会让你看到更多闻所未闻、见所未见的事物，并会提供与这些事物接触的方法、渠道。比如，看书发现天上的星星不只是眼睛能看到的那些，还有很多是肉眼看不到的，然后为了观察更多，你便开始接触望远镜、天文馆、科教片，翻阅更多与星星有关的内容，你开始学习天文、自然、科技，直到某一天，你会积累颇为丰厚的天文知识，并有可能最终成为研究天文的专家。你的人生就此奔向了一个与天空联系紧密的世界。

第二，读书可以帮你打开狭窄的思路。

有些人前进的大方向可能是没问题的，但是他却走着走着把路走窄了，方法不对，想法太少，结果一条道走到黑，最终只能一事无成。

比如，你想开始写小故事，但你只是把自己头脑中想象的东西写出来，没有章法，没有深度，只写几句之后你就不知道要怎么办了，最终你就会因为思路和文学基础储备匮乏而半途而废。

那么读书就不一样了，他人的文字中藏着诸多精彩的思路，说不定哪一句话就会成为点亮你头脑的关键。而且读得多了，不管是词语还是句子都会被一点点积累起来，你对语言的组织会变得更有魅力。为什么语文老师建议你要多看书、多积攒好词好句，就是这个道理，思路和文学储备都会变得越来越丰富。

第三，读书会规范你的思想。

你决定未来要做什么，这是你人生可以看得到、做得到的事情，是你人生的明方向，与此同时，你还要重视人生的“暗方向”。暗方向并不是黑暗的方向，而是指没有摆在明面上的，如果你不注意就会被忽略掉甚至引导你做错的那个重要的方向。

这个暗方向就是你的思想，不读书的人，思想其实是比较烦乱的，而且出于对自身利益的维护，很多人只看得见利益，并不明了这个利益本身是不是值得去追求。比如，贩毒可以得暴利，然而很明显贩毒是罪恶的，如果没有正向的思想引导，有的人就会为了追求暴利而毫不犹豫地投入罪恶的深渊。

读书，是规范思想最简单直接的方法。不论是古人传下来的圣贤思想，还是今人反复强调的正向的核心价值观，这些都是在帮助你规范自身，让你首先成为一个好人，然后再去做其他的事情。

有人说了，我本来就迷茫，心里就着急，读书需要静心，这不是互相矛盾的事吗？其实也正是因为这个原因，我们才更需要读书。因为越是不读书，越是见识短浅，越是容易被一点小事、一点小利影响得心烦意乱，从而做什么都不顺利。所以读书才要趁早，越早开始博览群书，内心越能更早地沉静下来。当然就读书这件事来说，其实什么时候开始都不算晚，从自己感兴趣的书开始，逐渐拓展到各个领域、各个类型的书籍，拨开眼前迷茫的浓雾，你终究能看到属于自己的明朗未来。

第二章

只要努力，相信你也能成为学习高手

● 学习真的不是一件容易的事啊！

没错，你能认识到这一点很好。

● 但是我觉得我好像不行，看别人都能学得那么好，我总觉得自己就是个学渣，成不了那些优秀学生那样的学习高手。

这个世界上没有什么事是那么容易就成功的，而且，也没有什么规定只能是“别人”成功，而你注定是个“渣”。通往好成绩的道路没有什么捷径，除了努力，再无他法。所以我相信，只要你肯认真努力，你就能找到适合自己的学习方法，就能发现学习的乐趣，从而循序渐进，把自己锤炼成一个令自己骄傲的学习高手。

努力读书学习，抓住人生最好的机遇

机遇，包括有利的条件和环境。只要能抓住机遇，做事就好比是顺水推舟，成功的概率会更大一些。但是机遇并不能自己创造，它只会在相应的历史、时间、空间条件都合适的情况下出现，而且机遇并不会一直存在，甚至可能是转瞬即逝。所以，如果能够在刚好的时候抓住机遇，人一生的命运都有可能被改变。

不过，显然并不是所有人都能抓得住机遇，如果没有与这个机遇相匹配的能力，你就只能眼巴巴地看着它出现然后再消失，或者是看着它被其他有能力的人抓住。

那怎么才能抓住机遇？你唯有下大力气读书，努力学习。

而说到读书学习，我们还要回到习惯这个话题上来。想要做到“努力读书学习”，其实就是要求你养成良好的读书习惯，这种习惯会促使你通过读书来为自己积累资本，帮你做好最充足的准备，在每一个良好机遇到来时，让你能从容应对。

那么，你需要养成哪些阅读习惯呢？

习惯一：明确阅读目的。

提升阅读能力的一个最基本的习惯，就是要明确阅读目的，这样才能做到有的放矢，呈现最佳的阅读效果。

你需要带着这样的问题去阅读：

“我在读什么？这是一些怎样的文字？”

你要明确自己在读的内容是什么，这些内容是什么样的，是一段崭新的内容，还是一段已经学过的内容，是仅涉及思维理解，还是需要实际操作，明确内容你才不会因为盲目阅读而没有具体的收获。

“我为什么需要看这些文字？”

阅读是有原因的，比如，通过阅读你想要进行知识点复习，从而更好地准备考试；通过阅读你想要去领会这段文字的主题思想，帮助自己更好地理解，以继续开展后续的学习；通过阅读你要对内容有一个大致的了解，以便于接下来的讨论，等等。明确原因，你的阅读才会更有针对性。

“我通过阅读，想要实现怎样的目的？”

你要确定阅读的目的，目的要比原因更为深刻，比如你需要通过阅读掌握这门学科的知识，通过阅读理解某一种思想，通过阅读了解某一方面的概念，等等。这个问题涉及你阅读的一个大方向，因为阅读是一件长期的事情，有了合适的目标，你才可能有动力继续读下去。

“我在阅读过程中，想要记住哪些内容？”

一段文字读过去，一定要留下记忆，通过这段阅读你想要记住什么，就要对那些需要记住的内容更上心。比如，你想要通过阅读记住一个定理的因果关系，记住作者的见解、意图及思路，记住某些需要注意的细节，记住事件发展的时间线，等等。明确这些内容，会让你的阅读过程更有侧重点，免去泛泛而读的错误。

习惯二：掌握正确的阅读方法。

只有在有效的阅读方法帮助下，你才会建立起良好的阅读习惯。

略读

略读会帮助你以最快的速度发现特定的信息，同时通过概览来了解大概意思，帮你节省阅读的时间。同时，通过略读，你还可以判断自己是不是想要继续读下去。

进行略读的时候，你可以关注一些重点的文字，比如大标题、标黑加粗的内容、特定的时间等内容，可以阅读每段的第一句和最后一句，这一般是一些总结性的语句，如果有举例、图表，可以大概看一眼。

精读

关于精读，朱熹给了我们很好的建议：读书时，应该“字求其训，句索其旨，未得乎前，不敢求乎后。未通乎此，不敢志乎彼”，也就是将字字句句都读明白。同时朱熹还强调“记遍数”，也就是多读，不只读正文，也要读注解。

精读的时候要细读多思，多注意名词、概念等一些关键词，了解阅读内容的形成背景，找出内容的体系结构与逻辑关系，并归纳出基本的观点，读的过程中要注意难点、要点，不只是思考内容本意，也要进行相应的联想，直到将内容完全吃透。多读几遍，从不同角度去思考，与其他相关内容进行联系，以最终实现熟读熟记并理解透彻。

习惯三：实现有效阅读。

所谓有效阅读，你需要做到：略读的时候就提出几个问题，然后带着问题去读，让问题引导阅读的过程；努力把需要认真读的内容都记住，不去关注与阅读目的无关的内容；学会从句子中抽取重要的内容，而非一字一句地读过去；思考的时候也要围绕阅读内容，控制自己肆意飞扬的思维；提倡背诵，如果有能力，把读过的内容背下来，因为有研究显示，用 25% 的时间阅读，用 75% 的时间来背诵已阅内容的学生，比用 100% 的时间阅读的学生记住的内容多得多。

习惯四：不怕攻坚克难。

随着年龄增长，你总要去读越来越难的内容，单就课本来说，你所学的内容会不断变难。尽管难，但你还是要去读，你该怎么办呢？

下面这些建议会对你有帮助。

多读几遍，如果一句话读不懂，试着用自己的语言重新组织，争取把这一段内容弄懂；思考与动笔同步进行，脑海中去构建形象化的知识内容，手底下也可以画出树状图或者记录阅读要点，帮助你用心体会；不要着急，读懂一段再继续下一段，不图快，只图稳；学会求助，向老师、同学、父母求助，或者向工具书、网络求助；适当增加相关内容的阅读，可以从更简单的内容开始，一点点攻坚克难。

良好的习惯本身就是你努力的结果，而且这些习惯并不仅限于读书时有效，对于你人生的种种经历同样有效。所以趁着现在还年轻，还有一个精力充沛并可以被无限开发的大脑，你何不抓紧时间让自己的努力步入正轨呢？培养好习惯，从现在开始吧！

本领制胜的时代，要学会利用各种资源学习

不论什么时代，学习都是人类改变命运的重要途径。古人科技不发达，要学习只有两个途径，抄录阅读以及寻访名师。现如今这个科技飞速发展的时代，学习的方式比之古代变得更加丰富，你可以有更多的选择来增加学识、提升能力。

能够综合利用各种学习资源去学习的人，其实不只是在通过这种种资源来丰富学识，其寻找、整合资源的能力也将在利用资源的过程中得到提升，最终就能实现本领制胜。

建议你从现在开始练习这样的能力，这里会给你提供一些获取学习资源的方式，好好思考，量力而行。

首先，书本。

即便科技发达的时代，获取学习资源的方式不断地增加，但过去旧有的博览群书与拜师求问，依然是现下的你最主要的两种资源获取方式。

在你的房间，或者属于你的活动角落，给自己布置一个堆放书籍的区域，除了与学习有关的工具书、教科书，建议你博览群书，各种类、各内容的书籍都准备一些，这对于拓展你的眼界、提升你的文字表达能力和逻辑思维能力有非常大的益处。

其次，他人。

孔子说“三人行，必有我师”，凡是比自己表现好的人，都可以为师。

所以，不仅是学校的老师，父母、同学、朋友，都可以成为你获取资源的对象。

不论是向谁去获取怎样的资源，你都要记得保持虚心的态度。因为从道义上来讲，他人愿意给你资源，是他的善意表现，尤其是老师、同学和朋友，你只有虚心，别人才愿意指导你，愿意帮助你。而对待父母，也要有做小辈人的恭敬态度。

再次，网络。

现如今，网络是获取各种资源的另一个主要方式。然而网络是一把双刃剑，可以帮你斩获古今中外、天上地下的更多资源，但同时，它也蕴含着大量的诱惑，只需要动动鼠标，你就能瞬间从资源学习的环境中跳进光怪陆离的游戏世界。所以，你对网络的使用，一定要遵循并掌握下面的标准。

第一，巧用搜索。

网络具备强大的搜索功能，学会正确的搜索方式，你也许会获得超出预期的收获。

根据搜索内容选择合适的搜索引擎。

除了日常你知道的一些浏览器的搜索引擎之外，你还需要了解一些更“专业”的搜索引擎，比如，常用于学术信息搜索的引擎包括百度学术搜索、中国知网期刊检索等；常用于文档搜索的引擎包括百度文库、新浪爱问共享资源等；还有各大图书馆的数据资源，也可以被用来搜索相关内容。针对你想要的东西，去选择更合适的搜索引擎。

准确抓住搜索内容的关键词。

搜索引擎是搜索工具，选择恰当的关键词去搜索，才能让这个工具最大限度地发挥作用。

一些比较明显的内容，比如某个词什么意思，某句话出自哪里等，可以直接原样填入搜索框。但一些比较复杂的内容，比如一大段文字，你想要了解的某个观点等，你就要根据目的来确定关键词。

最开始，你可以先多输入一些内容，然后根据搜索结果是否符合你的需求再进行调整，或是增加，或是缩减，或是干脆替换，以逐渐缩小搜索范围。你在填搜索框时，尽量多用词组，而非整个长句，这能保证你在搜索的时候更容易寻找到想要的内容。

灵活处理搜索结果。

只要关键词填入恰当，你就会获得数量庞大的搜索结果。一般来说，搜索结果的前几条，可能更贴近你的要求，所以你要重点关注一下。另外，也要选择那些源自正规网站的搜索内容。将搜索到的有用信息记录、收藏或保存下来，便于日后再次查询。

第二，学会浏览。

搜索到了内容，接下来就是浏览，以从中获得自己的所需。

调动你的手、脑、眼，快速翻看网页文字，确定哪部分有用，可以保存下来。与读书一样，在最短的时间内选取最重要的内容。

另外，你要有足够的自制力，学会屏蔽广告、游戏等花花绿绿的网页内容，脑子里时刻记着自己浏览网页是为了什么，想着自己这次搜索的目的，要专注于寻找对自己有用的东西。

第三，善用网课。

现在的网络很发达，网络课程很是流行，而且资源丰富。网络课程打破了时间、空间、老师的限制，让你可以随时随地进入学习状态。通过网络课程，你可以丰富自己的课余时间，既能补充正常课堂上被你忽略的细节，也能丰富其他方面的技术能力，而且名师们所介绍的经验、思想、方法，对于你来说都是非常好的参考。

为了能帮助你更充分地利用网课，这里向你介绍一些小技巧。

听课前的准备工作。

先确定好你为什么要听这一门网课，明确自己的学习目的，是要弥补缺点、学习新内容还是培养兴趣。接下来，你要通过试听及他人的评价来确定课程的质量。之后，就可以按照正常上课的样子，给自己找一个适合学习的环境，准备好学习用具，让自己先平静 5～10 分钟，然后带着轻松愉悦的心情进入课堂。

听课时的各种“动作”。

可以按照学校课程的时间安排来进行，三四十分钟都可以，中间休息一次，不一定一次性把所有课程都看完，可以分几次来看。

在听课的时候，也要带着目的去听，认真做笔记。如果遇到关键的信息，比如图表内容，可以暂停下来仔细看看。如果某个地方不明白，反复多次地看也没问题。有时候老师可能会提及一些参考链接或书籍，你也要记录下来以便于课后继续学习。

听课后的继续学习。

网络课程也同样需要你好好复习，对于课后任务认真去做，如果能够和老师取得联系，或者有与老师交流的机会，可以把你的问题提出来，或者与老师进行讨论。有些课程可能会有论坛或者交流群，如果你有需要可以加入进去，与更多的同学进行讨论学习。

最后，馆藏。

现代社会有更多的“馆”可以供人参观学习，图书馆、博物馆、展览馆，馆藏内容包含着大量的历史，也包含着当下最先进内容的介绍，所以进入各种“馆”，也是获取学习资源的好方法。

各类图书馆。

一般而言，从国家到省、市、区、县，都有图书馆，很多高校的图书馆也对外开放。图书馆里的馆藏书籍全是正规出版的，经过了编辑的加工校对，更能保证信息的准确性。

去图书馆搜索时，如果有明确的搜索目标，就直接在图书馆的电子查阅机上输入书籍名称、关键词或作者名，然后在数据库中查找，记录书籍所在书架的编号，根据索引号直奔目标；如果没有明确的搜索目标，就选择一个大范围，根据自己感兴趣的内容来确定大致想要看哪个编码、区域，然后再去自由选择和浏览。

在图书馆学习会有强烈的学习氛围，因为被书包围、被同样看书学习的人包围，你会不自觉地也融入进去，这样的氛围也将帮助你提升自己的学习效率。

博物馆与展览馆。

这两种馆都是围绕某一主题或多个主题而进行的搜集、保存、陈列机构，这里的展示包括实物、图片以及多媒体等方式，你可以通过丰富的感官刺激来获得更多的体验。

博物馆与展览馆的文字信息都非常精炼，短短几行你就可以对某一种事物了解一个大概，再加上有实物、图片的辅助，你会对这个内容有更为立体的理解。尤其是有些馆还涉及动手操作、亲身体验，你可以借助这些内容激发自己的兴趣与积极性。

参观这样的场馆时，可以事先做做“功课”，带着问题去看，带着好奇去感受。如果有能力，也不妨去这些馆当当志愿者，不仅是发挥助人为乐的精神，也可以帮助自己加深对知识的印象。

其实关于利用各种资源学习，用一种曾经很流行的表达方式来说就是：学习之路千万条，适合自己第一条，培养本领不努力，未来后悔两行泪。

必须改变认知：学习不是苦的而是乐的

学习是什么滋味？

有的人可能会说是甜的，但绝大多数人一定会很肯定地给出答案，“苦的”“简直是太苦了”。

苦，从感受方面的意思来解释，就是指人的感觉是难受、劳累、艰辛的。从这样的定义去联想我们自己的学习，相信很多人甚至会心生退意——这么苦，我却还必须要继续，那就更苦了，那些说学习是“甜的”的人，是在开玩笑吗？

他们当然不是在开玩笑，相反的，他们对学习的感受，其实才是正确的。而且如果你仔细确认一下，凡是说学习是“甜的”的同学，成绩一般都不错，或者说他们对待学习游刃有余。

既然如此，难道我们说“学习真苦”，这种感受就错了吗？感受没错，错的其实是我们对学习的认知。

我们先好好看一下，你为什么会觉得学习苦？

原因一：被动学习，去做不得不完成的任务，真苦！

不知道为什么要去学习，只是“到了上学年龄”“妈妈让我去的”“老师要求的”，所以就像做任务一样，不得不做，不做可能就会被“打屁屁”。不情不愿地去做并非自己所愿的事，而且还总是因为做不好而受到指责训斥甚至责罚，能不苦吗？

原因二：太难，听不懂，理解不了，做不出来，真苦！

有的内容没听懂，有的内容一知半解，有的内容领会错误，自己一个没注意，老师已经讲过去了。要说完全不会，可能也不一定，但就是有那么一些不知道怎么做的题目，一些题目就是有一半做不出来，作业出错，考试不行，然后还要被说教，想想都觉得委屈。

原因三：时间安排不开，那么多，做不完，真苦！

想玩啊！想看电视啊！那么多好玩的东西，却还必须要先做作业，先学习。说好的假期，总是要安排学习，一想到假期要结束了，作业没做完，内心就难过得要死。老师留那么多作业，真的是人能做完的吗？睡不好、吃不好、玩不好，学习怎么会这么苦啊！

原因四：周围人都说“学习要吃苦”，不受苦不行，真苦！

妈妈说“吃得苦中苦，方为人上人”，老师说“现在学习不吃苦，将来生活吃大苦”，教室的墙上贴着“书山有路勤为径，学海无涯苦作舟”，就算背句古诗都是“不经一番寒彻骨，怎得梅花扑鼻香”，翻开书看到的也是古人“头悬梁，锥刺股”……周围大部分人都在反复提醒着一句话——学习就得要吃苦。大家都这么说，那就只能认啊！学习，就是要苦啊！

有没有属于你的原因呢？

其实仔细分析一下，我们会发现，自己所感受到的苦，都不过是源于自身，这是一个很简单却又特别真实的“因果关系”，当你没有做好“好好学习”这个善因，自然也就只能品尝“不出成绩”这个苦果。

想要“好好学习”，必须先要纠正最初对学习的认知。学习，原本就应该是“甜的”，当你换个角度去看学习的时候，苦也就不是真的给你带去难过的感觉了。

“学”这个行为的本身，实际应该是快乐的。

举个小例子，你一直在听妈妈给你读故事，出于模仿心理你也想自己去读，但是不认识字怎么办？所以你发自内心地就开始想要学了，你要求自己必须要学，通过学习读音、字形，你认识了越来越多的字，直到某天自己把一个故事完整地读了下来，你是不是感觉很满足？

在学的过程中，我们调动了手、眼、心、口、脑，全身心地去为了一个目的而努力，这时你会显得很迫切，你会不断地读、不断地问，整个过程一点都不会让你觉得辛苦。如果你没学会，会很着急，所以你舍弃了玩的时间，为了能尽快达到目的，你会以自己的意愿去发展自己的方法，并运用自己的方法，直到结果令你满意。

这样来看，我们就可以理解那些“苦”的名言了。“学海无涯苦作舟”，这个“苦”其实是勤奋的意思，是说我们看到了那么多需要去学、去看的书，那么多知识等着我们去接纳，如果不勤奋，怎么可能吸收得过来；“梅花香自苦寒来”，这个“苦”是梅花成长所必需的环境，换了环境反倒不行，就是我们必然要处在这样一种为了自己的目的而不辞辛劳地去奋斗的境地，这是自己的选择；至于说“头悬梁，锥刺股”，这就是一种完全自愿的行为，古人生怕自己睡过去而耽误了学习的时辰，自己对自己严格要求，时刻提醒自己要发愤图强，显然就是一种严于律己的自我激励方式。

人都生活在“认为”之中，思想决定了行为。所以在学习这件事上，当我们认为学习是快乐的，是“甜的”，接下来的行为当然也就顺理成章地发展下去了。因为人都是追求快乐的，感受越好，便会越想去做。当你能够确立正确的学习目标，发现学习对你的意义，并体会到学习带来的益处，生发出自动自发想要学习的动力时，学习便会在你的内心发生最根本的性质改变，此“苦”非彼“苦”，甜与不甜，乐与不乐，一切在心，全都由我。

你觉得呢？

学习的关键——“学而时习之”的秘密

我们都知道“纸上谈兵”的故事。赵国名将赵奢之子赵括因为死搬兵书条文，导致四十多万赵军尽被秦军歼灭，他自己也于阵前身亡。可见，纸上谈兵要不得。

不过换个角度来看这个故事，赵括也是有学识的，毕竟熟读兵书，他唯一缺少的，就是学之后的那个关键动作——习，只学而不习，自然会导致纸上谈兵的后果。所以想要实现学有所成，就要掌握学习中关键的一点，即“学而时习之”。

“学而时习之，不亦说乎”，这是孔老夫子的看法。在很长一段时间里，很多人都认为这句话的解读是“学习过后经常温习，会感觉到快乐”。然而从实际感受来看，没有人会因为经常温习旧知识而倍感身心愉悦，反而倒是那些能够利用知识解决一个又一个实在问题的情况，更能给人带去极大的满足感与成就感。

因此学而时习之，其实并非指的是学过之后多温习，而应该是指“经历苦学，掌握了知识，并能在合适的时机下将其运用到实践中，这是一件令人感到喜悦的事”。

那么“学”与“习”这两件事，到底是一个怎样的关联呢？我们可以从这样两个方面来理解。

第一个方面，学，而后习，便是学以致用。

这个方面其实正是我们日常的学习状态，通过在学校或其他地方的学习，掌握知识，然后在合适的时机里将其运用出来，也就是你所熟知的“学以致用”。

具体来说，学以致用的“习”有两个主要来源。

考试是一种“习”。

考试是对你所学的一种完全性的检验，你学了什么内容，有没有记住它，是不是知道怎么用，是不是明白什么场合去使用，是不是能做到灵活变通、举一反三，这些都是你“习”的表现。

为了做好这样的“习”，你在日常“学”的时候就要下苦功夫，虽然学习不一定全是为了考试，但考试却是检验你学习成果最简单直接的方式，为了让你能明白自己所学的程度，你也要好好对待考试这个“习”。

生活是一种“习”。

有人总会问，“我学那么多有什么用？”除了会让你考试出成绩，你学的那些东西，都将会成为你日后生活成长的必需。

你学语文，你就能流利地表达自己的意图；你学数学，日后遇到一些与数字相关的生活瞬间，你都不用担心算不准、出问题；你学历史、学物理、学政治、学自然、学科技，这会帮你的生活打开更多的大门，你将成为一个知来处的人，成为一个可以巧妙施力的人，成为一个有思想原则的人，也成为一个尊重自然同时又接纳科技发展的人……

只要是积极正向的，没有什么学习是没有用的，想想这是在为你自己的未来铺路，为了能让你自己未来走得更好，你不努力谁努力呢？

第二个方面，习，顺便学，便是用以致学。

你的学习并不仅仅限于课堂之上，课堂之外的许多瞬间，都会成为你学习的最好机会，也就是经过你的种种行为，从中你获得了学习的机会。

用以致学也包括两个主要来源。

玩会引发“学”。

能够让你在其中获得学习的“玩”，应该是这样的：有兴趣地去玩是最好的，比如你对沙子有兴趣，那么你在体验过程中就会去感受它的形态、质感，会想要利用它做些什么，也会注意到它给你带来的小麻烦，以及会想办法去除这个麻烦，这一系列的玩的过程，其实就是你在学习认识一个事物、了解一个事物，并通过自我体验学会应对这个事物所带来的问题。

有时候你的玩可能并不是因兴趣而起的，比如你和朋友们聚在一起时，你的大脑也要运转起来，你要学怎么与人相处，从他人身上学某些你忽然发现的你不具备的优点，学着团队合作，学着处理彼此矛盾；你还要学如何更熟练地运用自己的四肢与身体，学怎么在头脑中构建一件事的发展，学着如何分配，学着如何配合。

生活引发“学”。

生活里处处皆学问，你留心了，注意去思考了，去好好学了，你就会有收获。比如说收拾房间，这其中包含着体力的分配、物品的分类归纳、空间设计的美感等各方面的知识，你经历得多了，练习得多了，不仅会把这件事越做越熟练，你其他方面的能力也将同步增长。

所以，你需要用心去生活，生活才是你一路前行的主流，学习是生活的一部分，你应该通过生活，来培养更多学习的能力。

学以致用与用以致学，这两个方面虽然看似是相反的两面，但实际上它们就如同莫比乌斯环，只要你进入循环，就能顺利连通两面，而且你还会越走越顺畅。

爱学习、会学习，把你打造成为学习的高手

要成为某一方面的高手，需要有两个条件，一个条件是热爱，另一个条件是精通。只有热爱，你才会愿意为之付出；只有精通，你才能知道怎样去发掘自己的潜力，并调配自己的能力以适应发展。放在学习上来看，热爱就是爱学习，精通则是会学习，如果你要成为学习的高手，就要从这两方面下功夫。

第一，爱学习。

对某一件事，如果不感兴趣，不够喜欢，你能对这件事投入热情的可能性真是太小了。没有热情也就没有动力，你会带着一种“不得不去做”的心理，去勉强完成各种各样的任务。在学习上如果是这样的态度，成绩多半都不会好。

都说思想指引行动，你得先改变思想，然后才能在新的认知下去行动起来。看待一个事物要多方面、多角度，对待一件事情多看它积极的一面，所以当你去重新认识学习的时候，可以多想想看，通过学习你得到了什么，而不是反复去模拟感受“作业多了写不完”“考试成绩忽上忽下”这样的难受感觉。

想想看，学习会带来一种打开新的大门的感觉。看着一本书从厚学到薄是很有成就感的，通过学习你知道了以前不知道的事情，能独立把一道题顺利地解出来，可以出口背诵名篇名句而不再满嘴只会说“好看”……看看你为了学习用过的那一把一把的笔，一摞一摞的作业本与演草纸，你从只知道吃喝玩，变得上知天文下知地理，前懂历史后懂科技，嗨，这将是多么了不起的进步，

你真是值得敬佩。

对待学习，你付出，它回报，你们相处很和谐，它偶尔给你出一些困难情况，其实不过是考验你。不管怎样，你都要经历这与学习为最亲密伙伴的几年，与其相看两生厌，倒不如安下心来好好相处，你爱它，它也会愿意成为帮你改变自己的利器。

第二，会学习。

爱学习是心理层面的认知，会学习则是行动上的表现。一个爱学习的人如果不会学习，那就只是在浪费时间；一个会学习的人如果不爱学习，那一身本领也是白费。所以，当你培养自己对学习产生正向积极的情感之后，就要开始训练自己掌握会学习的方法。

什么是“会”学习？说白了就是你知道应该怎么去学习。

认真是第一位的。

认真，就是严肃对待某件事的一种态度。想要学会学习，认真是第一位的。

你需要明白为什么要认真，即确立好目标；明白怎样去认真，即完整地运行所有程序；如何体现认真，即实现最终想要的结果。对于学习来说，你要明确自己学习的目标，然后知道怎么去学习，再去认真执行，最终才能获得你想要的满意结果。

明确学习的环节。

如果说认真是思想层面的会学习的开端，那么从行为上来看，你就要明确学习的环节。

学习的基本环节包括：预习、听课、作业、复习、考试、阅读、改错、记忆、讨论、检查、计划、实践。

预习、听课、作业、复习、考试，这些是必须要做到的。但学习不仅仅只是到考试就结束了，你还要增加阅读量、提升阅读能力，对考试时出现的错误及时进行总结，并加强对各个知识点的记忆，如果有问题，还要及时提问，和同学、老师进行讨论，并时常检查自己哪里还存在问题，哪里还有遗漏，然后为自己日后的学习制订更适合自己学习特点的计划。你的学习不只是为了考那么几个分数，能把所学运用到实际之中，这样的学习才是有用的。

建立规则与秩序。

学习中的规则与秩序，就是要你有正确的行为标准，用最简单的句式来表达就是“你只有做到……才可能……”。所以你在展开这些学习环节之前，需要先了解一下每个环节应该怎么去做，遵循怎样的规则，你按部就班地去完成，并最终养成好习惯，这项行为才做得有意义。

循序渐进地展开。

学习不是一步登天的事，你不要指望着今天你下决心好好学习了，明天就能看到好成绩。你得先从这些基础的环节做起，每一步都认真做，每一步都做完全，然后再继续进行下一步，要让自己每一次的认真努力都能看到成效。你要有耐心，也要有恒心，还要有毅力，坚持下来，认真去做，不急躁，踏实一点，你总能看到自己学习上的改观。

当有一天，你对学习有了不一样的看法，开始接纳它，并产生热情，然后又根据自己的特点发掘出更合适的学习方法，学习就会成为你改变自我的工具，你当然也会一跃而成为学习的高手。

第三章

点燃学习热情，激发你的内在动力

● 据说，如果做事有热情，做什么都没问题。

这个观点是正确的，只有热情才能激发内在动力。

● 学习也是这样吗？总觉得学习和热情没什么关联啊，至少我就不觉得在学习上能提得起激情来。

如果你是这样想的，那就证明你的动机还没有找对，如果你没有开启正确的学习模式，没有良好的学习习惯，没有积极主动应对一切的态度，你当然会觉得提不起精神来。学习很需要你表现出热情来，当你有了正确的开启方式，激发自己学习的欲望，由你自己的内在动力带动你去主动学习，你就会发现学习其实真的是一件快乐的事。

从外部动机“要我学”到内部动机“我要学”

“被要求去做一件事”和“主动去做一件事”，这两种状态给你带来的感受是不同的，当然其结局也会有所不同。

“被要求去做一件事”，并非出于自愿，若还是你不喜欢做的事，你就会有勉强应付的心理，如果遇到困难，你也不愿意去努力解决，你的整个做事状态就是不积极的。

但“主动去做一件事”就不同了，发自内心地想要去做一件事，从一开始就会投入足够的准备，并愿意为完成这件事而付出努力，并且不怕困难与失败。

每个人一生中总会经历很多不得不去做的事，有时候你看待学习也是如此，学习是学生必然要做的一件事，但你也许并不是完全喜欢，却必须要对全部的学习负责。所以很多时候，你可能就是处于一种“被动学习”的状态，若想要获得更好的学习效果，你需要从“被动”变“主动”。

在学习方面从被动到主动是一系列的过程，接下来就分别来看看每一个阶段你都应该怎么做吧！

第一，扭转厌学的态度。

其实所谓的讨厌学习，并不是你真的厌恶学习这个行为，只不过是厌恶那个没法看到学习之后出成绩的自己，你应该战胜自我，扭转这个态度。

可以来看看自己厌学的原因。

原因之一，你从一开始就不知道自己为什么学习、为谁学习。你应该好好问问自己，去和父母老师同学聊聊，找一找自己学习的目的，了解学习对你来说意味着什么。当你知道了学习与未来的因果关系，相信你也会对学习这件事有个新的看法。

原因之二，随着年级增加，学习内容也不断增加，准备不充分的你没有及时调整，不适应新阶段，也让你对学习产生厌恶。如果你发现原有的学习方法并不足以帮你应付现有的学习内容，那就想办法尽快改变方法，锻炼自己的思维能力，以更适合现有学习内容的方法重新出发。

原因之三，性格或者其他原因让你很没自信，从没有体会过学习的成就感。如果你从一开始就觉得自己学不会，那你估计真的就很难学会了。自信心是保证你做成一件事的基本前提之一，这种自我鼓励会让你内心不那么浮躁，你要懂得自己给自己打气，这样你才会更容易发现自己在学习方面还是有作为的。

第二，激发正确的学习动机。

曾经有研究证明，学习动机是学习最关键的因素之一，会对学习成绩造成极大的影响。良好的学习动机，将会让人具备明确的学习方向与目标，从而推动人为此而努力，也会让人保持足够的专注力，以更积极主动的方式去学习。

你应该确认自己的学习动机，如果你的学习是为了获得老师、父母的认可，或是为了赢得名次、地位以及他人的羡慕，这就是“要我学”的动机；但如果你的学习是为了能获取更多的知识能力，为了让自己能变得成熟，或者是为了突破自我、挑战自我，为了未来更大的成功，这才是“我要学”的动机。

前一种动机来源于外部，你会更多在意他人的眼光而不是自己的努力；但后一种动机来源于你自己的内部，就会让你更为专注认真，也更愿意去主动调整、自我适应不同阶段的学习。所以你的动机到底是什么，你可以对照一下，然后再好好思考，作出一个合适的选择。

第三，建立积极的学习情绪。

不管做什么事，好情绪总能让你变得更积极主动一些，从而保证办事的质量与效率。

如果你有什么情绪方面的问题，就要先解决这个问题，比如你因为成绩不好而焦虑，你就得先疏导这个情绪，让自己不会因为这次失败变得消极，找你信得过的人去好好交流一下，缓解内心的这种压力，寻求对自我的认同，平复情绪，然后你才能再次前行。

第四，培养合适的学习习惯。

好习惯意味着你已经成功了一半，你要纠正学习方面的坏习惯，迅速建立起好习惯，比如你要养成良好的作息习惯、书写习惯、阅读习惯，养成仔细认真的习惯，养成当日事当日毕的习惯，养成不懂就问、当下解决的习惯，等等。

另外，习惯一定要养成自己的，而不是直接生搬硬套他人的。你要认识到自己的特点，比如认真审题，慢性子同学的习惯是稳稳当当一字一句地读过去，但你性子急，那你就要知道“认真读题有助于后续答题”，这才是“认真审题”这个习惯的“精髓”，你应该根据这个精髓以及自己的性格特点，去培养自己“正确速读”的好习惯。

越是适合自己的习惯，你才越能更快地养成，所以养成好习惯也不要盲目，了解自己，了解习惯的作用，才是你养成习惯前需要注意的内容。

多维高效思考，开启正确的学习模式

很多人对学习提不起足够的激情，其原因就是他的思路很单一，只能死板应对一种情况，一旦遇到会灵活出题的考试内容，或者需要灵活思考解决问题的时候，他就会陷入不知所措的境地，并进而觉得“学习好难”，因难而生惧，再生厌。

正确的学习模式，是你要运用多维高效的思考，去应对学习中可能出现的各种问题，去分析理解每一个难点，通过自己的思考来将知识变成自己的财富。

所谓“多维”，简单来说就是多种思路思考的方法，站在不同角度、用不同的思路去思考，运用并发挥多种思维形式或方法的协同互补的作用，从而获得具有创造性的思维，并最终解决问题。

不知道你是不是能够做到这种多方面的思考，那么你先回忆一下，自己是个怎样的学生，是老师讲了例题之后，就只记得例题一种解法，还是在理解例题的做法之后，自己又能多思考出其他解法；是老师告诉你这个字是什么意思然后便不再理会，还是会再自己去查字典、翻网页，去看与这个字相关的其他内容，并结合文章内容重新思考。

如果你都只是前者的表现，那么你的确需要改善一下自己的思考方式和方法了，要具备多维思考模式，你需要这样来做：

第一，博览。

博览，就是要多看。你的那些不同的思路来自哪里？来自你曾经看过的、记住的内容；你那些思路的可行性来源于哪里？来自那些有原则的，且你已经理解了的内容；当你实在想不起来应该怎么去思考怎么办？那当然是多去翻翻别人的思路了。

比如说，某一个知识点下的一道数学题，课本例题中会讲一种或几种方法，课后作业中可能也会介绍方法，参考书上也许也会有方法，而其他与这一教学内容相关的书上可能也会有不同的解法，如果你翻看的内容够多、够广，你的头脑中就会自然留存这些与书本不同的思路，它们一方面是新的知识，另一方面又将成为开发你思路的钥匙，说不准哪一种思路会帮你推开进一步思考的大门，让你能够在当下的思路点上继续发散出更多的内容。

第二，全面。

全面，就是你要学会全面地去看问题。因为全面看问题才能帮你找到更多细节，寻求更多思路，并促使你更灵活地去思考。

要想实现全面看问题，你首先要认真去分解问题，从中查找各种细节。看问题的同时，还要努力去发现隐藏其中的各种规律，比如数字的特点、年代的顺序，前后关联的因果关系，互相比较之后的区别，有没有前后相连的数列排序，提出了怎样的问题以及可能会有怎样的答案，等等。接着你还要考虑这个问题是处在怎样的一种环境之下，可能会出现怎样的变化，当下又在进行怎样的变化。最后再去考虑对于这个问题，你想实现一个怎样的目标，或者说你期待得到一个怎样的结果。

显然，全面思考会帮你抓住很多细节，每一个细节都可能会延伸出一条思考方向，而且思考得越全面，你对问题的理解也就越深刻。

第三，深思。

要实现多维角度思考，你还必须要深思。你需要制造头脑风暴，借助前面的全面思考，让大脑去考虑所有的可能，尽量多一些新的思考，而不是只遵循老路，不要被固有的思路固定住，要看到问题的深处。比如，你可以多问问这样的一些问题：

为什么？

如果是这样的话，接下来是怎样的？

这样想的原因是什么？

这个观点的依据是什么？

还有什么与此有关的看法吗？

……

有一个好方法是，你可以把自己的想法写出来，如果不是需要急切解决的问题，你可以每天都关注这些想法，既能巩固已有的思路，也能寻找新的灵感，而且列出自己的想法将会让你的思路更加清晰，以免出现重复思考。

另外，你也可以和同样关注这个问题的人一起探讨。去听取周围人的想法，对你也是一种思维上的启发，你可以借助他人的想法来打开新的思路。这也就是“三个臭皮匠”为什么能顶个“诸葛亮”的道理。因为“一千个人眼中有一千个哈姆雷特”，人多的话，思路自然也会随之变多，思考方向也就变成了“千万条”。

另外，建议你也注意培养自己的发散性思维，发散是指你要把自己的思维发散开，要敢想，能够流利、灵活、细致地去展现自己的原创性的想法。通俗一些来讲，就是把你的思维放开，深刻思考的同时也广开思路，让学习变得不再死板。

千万不可低估良好生活习惯的重要作用

关于生活习惯，你是不是也有这样一种想法，觉得生活习惯就是吃喝拉撒睡，与别的什么事没有关系。可是你需要知道的一个事实是：良好生活习惯对于学习起着非常重要的作用。如果你低估了这个作用，放任自己的生活，那么坏习惯就会给你的学习带来令你意想不到的麻烦。

之所以这么说，主要原因有两点。

第一，不良生活习惯原本就会影响到学习。

你的生活和学习是不可分割的，学习也是生活的一部分，如果你不能好好生活，你的学习一定会受到影响。

比如，你做不到早睡早起，睡眠不足会导致你精力不足，这显然并不利于你一上午的学习；还比如，你饮食习惯不规律，不注意健康搭配，那么你的身体健康就会受影响，你将没有足够精力去应对学习和思考。

任何一个坏习惯都可能会影响到你的学习，习惯本身所带来的问题，其实是在侵蚀你生活中的所有内容，不只是学习，未来的工作、家庭生活、社会人际，都会因为习惯的好坏而呈现不同的走向。

第二，不良生活习惯会引发学习上的坏习惯。

不良生活习惯是具有传染性的，生活中养成的坏习惯也会带进学习过程中去，它会成为一个错误的源头，如果不予以纠正，而只是想要从学习方面去改善，也是治标不治本。

举个例子来说，你生活里习惯了随手乱放，这个习惯会很容易就过渡到学习上。你学习的时候，也会跟着有书本、纸笔乱放的情况出现。这种混乱无序的状态会让人变得烦躁，你对待学习也会变得烦躁，一旦找不到解决问题的方法，你会更加一团乱。

所以说，生活习惯与你的学习是息息相关的，要想有好的学习效果，你就要先从规范自己的日常生活习惯开始做起。学会好好地去生活，你自然也就能知道怎么去安排学习了，这才是正确的因果发展模式。

具体来说，你需要注意以下几个生活习惯的正确养成。

作息习惯。

良好的睡眠是保证学生学习的重要基础之一，合理的作息安排，会让你的身体得到适度的休息，从而保证你日常具备充沛的精力。你要给自己制定合理的作息时间表，把各项事情都安排好，给自己留足睡眠时间。

不仅是平时的作息要有安排，周末和假期的作息也要好好安排，不能一到假期就完全放纵，可以保持一个相对轻松的作息安排，但也不要与平时作息有太大的反差。

卫生习惯。

勤洗手、勤洗头、勤洗澡，勤剪指甲、勤换洗衣裤，勤整理房室、床铺、书桌，勤清理垃圾，尤其是食物垃圾。好的卫生习惯是身体健康的另一大保证，同时也能帮助你养成“干净学习”的好习惯，至少你的书本、作业本、笔记本以及各种学习用具都能保持干净整洁，从视觉感觉上就会比较清爽，有助于提升学习的注意力。

饮食习惯。

跟着爸爸妈妈一起养成正常吃饭、吃正常饭的好习惯，一日三餐保证营养均衡，喝适量的水、吃适量的水果蔬菜，不挑食，不偏食。远离路边摊，不要以零食为正餐。

可以试着学学做饭，不仅安全卫生，还能锻炼自己的自理能力，如果时不时给家人做一顿饭，也能促进家庭关系和谐发展。

安全习惯。

这个安全包括交通安全、校园活动安全、饮食安全，还要包括学习方面的安全。比如，使用正规厂家出产的学习用具，使用的时候要注意手、口、眼、鼻、耳的健康安全，防止割破手指，不要把学习用具放进口中，避免尖锐的笔尖或刀尖扎伤眼睛，不要把笔帽塞进鼻子或耳朵里，等等。学习的姿态要端正，不要因为这些不良习惯，反而使得学习进程受到打扰。

消费习惯。

到了一定年龄，你手中会有一些可供自由支配的零用钱，但你要跟着爸爸妈妈学会正确使用这些钱，学会理性消费，以免你购买各种与学习无关的东西分散你的注意力。还有的人因为手里有钱，就会沉迷于网络游戏，用钱去“买”作业、“买”作弊，这是最不可取的消费观念，你要格外注意。

公德习惯。

你要具有公德心，在学校里，除了按照规矩去做，你还要能有尊敬师长、团结同学、乐于助人、爱护环境等美好品德，要有遵守课堂纪律、不随意干扰他人、不欺负同学的自觉性。当你一身正气，你对待学习的态度自然也就会变得公正起来。

生活中的这些习惯，都是与学习有紧密联系的，没有哪个习惯是毫无用处的。良好习惯的养成不仅对你现在的学习有用，也会让你以一种良好的状态去对待日后更多的学习和更复杂的生活。

要把学习与现实生活联系起来

为什么要学习？答案之一便是为了好好生活，所以学习与现实生活绝对不能脱节。

很多人不爱学习，或者这其中也包括你，总觉得学习没意思，比如有人会问："我为什么要反复做这些数学题，生活里又用不上？""我为什么一定要做这个阅读理解，生活里哪需要看得这么细致？""我为什么非要记住这是哪一年发生的事情？"……

如果你一直带有这样的疑惑，其实意味着你的学习和你的生活脱节了。你所学习的各种内容都来源于生活，老师也都是基于生活来开展教育，各种教育内容原本也是为了让人能有更好的生活。

若是想要改善你现有的学习状态，你就要让你的学习"落地"，落到可实际操作的境地，从生活中发现学习，通过学习改善生活。当你对学习本身的价值有了一个更深刻的理解，你学习的积极性就会与之前大有不同。

教育心理学中有一个"期望价值理论"，这个理论指出，当一个人面临一项任务时，他完成这一任务的动机是由对这项任务圆满完成的可能性的认识（期待）和他对这一任务所赋予的价值决定的。所以，如果你越觉得学习是有价值的，越是觉得自己可以学得好，你的期望就会促使你投入得足够多，学习动力也会变得更为强劲。

回忆一下，你从最初到现在的学习，几乎都是与生活相关联的内容。

幼儿园时期，你学习自己独立吃饭穿衣如厕，学习说话唱歌，学习运动自己的身体，为了什么？不正是为了能让你自己独立生活，能够与周围人建立最基本的人际关系吗？

小学时期，你开始认识更多的字，学着组词造句作文，学着计算，逐步开发头脑运算功能，锻炼逻辑思维，又是为了什么？不还是为了你能在生活中接触更多的内容，你能看得懂各种文字的指示，能够分析每一件事，可以作出正确的选择与判断吗？

中学时期，你又会接触到更多的内容，比如物理、化学的内容在生活中有用吗？当然有用，在更轻松地切菜切肉、换电灯泡等问题上，你关于力学、电学方面的物理知识一定会发挥作用；清理污渍，制作更好吃的食物，也是化学知识在帮助你；就算是那些历史，那些年代久远的事情，也是在明明白白地提醒你，“你要知来处”“明史才能懂礼又懂理”……

你看，你所学的内容，无一不是与生活有关联的，如果你能把学习与生活联系起来，你的学习就会充满更多意义不同的期待。

你期待能读懂更多的文字内容吗？

你期待可以利用自己的逻辑分析解决生活中的问题吗？

你期待自己的所学帮助爸爸妈妈解决生活小烦恼吗？

……

当你有了这样的趣味时，你再去看待学习，就会觉得那简直就是你可以无限提取的宝库，学得越多，可用的就越多，生活变得越来越有趣，学习也变得越来越值得。

其实要联系学习与生活并不难，有一个最先的要点，就是你给自己订立的学习目标要实际一些。

比如，如果你给自己定了个目标，是“要考前几名”或者“考到90分以上”，这样的目标非常具有学习的“特性”，一看就是很纯粹的学习目标，但是没有温度，这样的目标很多时候会让你陷入“为了学习而学习”之中。那么换一个方式，你的学习目标如果是“要能独立读完喜欢的那本书”“能够自己独立搞定采买工作而不会出金钱差错”，这是不是更具有吸引力了呢？

当你把学习的内容以这样的方式去理解时，你会更加关注它的实用性而非单纯的课本定义或内容，在不知不觉中你就会主动去将知识落入实处。

接下来，当你学到了足够多的内容之后，你就可以发现生活中很多问题的解决，都要由你的所学来作为基础。

比如，出门旅游，通过看地图来确定你的出行旅行，通过计算时间和舒适度来选择具体的交通工具，通过合理的价格比较来选定住所，还要用礼貌合理的语言交流来进行住所及其他事项的预定，通过了解相应的历史来对所去之处有一个大致的了解，通过了解天气变化及地形地貌来选择合适的衣服装备，等等。

你看，一次旅行，你用到了地理、数学、语文、历史、自然等一系列的知识，当你懂得越多、越精细，你的各种选择和安排才越符合自己的预期，并越能让自己获得更舒适的生活。

学习与生活不可分割，为了让自己更好地生活，你的学习就要变得更加实际。这样一来，相信你对学习的态度也就不是那么厌恶了，毕竟，你的生活充满诸多乐趣，何不为了这份乐趣好好努力呢?

高峰体验，让你勇于面对学习中的各种困难

“我一定要战胜这个困难！”在学习上，你曾经有过这样的想法吗？这种想法会促使你产生一种攀登高峰的意愿，进而勇敢面对各种困难。

但如果你认为“我就是那个低水平，战胜不了困难”，那就是对困难、问题的逃避，放弃了对自我的挑战，同时也意味着放弃更多的机会。大脑是用进废退的典型，如果你不积极使用，它会变得越来越颓废，最终你能做到的事情也将越来越少。所以建议你还是尝试着去体会一下高峰，去看一看自己的极限，这样你才能变得有勇气去面对更多困难。

体验高峰之前，你需要先明白自己为什么会有那么颓废的状态，为什么总觉得“无所谓”。

一路成长你的很多经历都被“代替”或忽略掉了，困难被家人帮忙解决，障碍也被家人帮忙清扫，遇到难题你可以随意求助且总能获得帮助，你自始至终都成长在一种非常安全顺利的环境之中，结果你形成了习惯，没有那种刻骨铭心的经历，你便也就没有“来之不易”的体验。

不能独立并积极地面对困难，是你不愿意挑战高峰的一个显著原因。放在学习中也是如此，比如你遇到问题，连想都不想就立刻求助，不管是问家人、问同学，还是去问科技时代的新发明——各种家教机器人，又或者是求助网络，总之你直接略过了自己努力攀登的过程，太过容易的获取答案的经历，使得你产生了惰性，你的那种追求新鲜事物的好奇心，在这样“安逸”的学习生

活过程中也被磨没了。

人生是各种经验的积累，你只有经历过，才能有所体会，所以你得让自己进入这种不断经历的生活之中去，也就是你要让自己经历一些高峰体验。

接下来，你可以尝试做出这样一些改变。

第一，凡事由我不由他。

经历是自己主动去体验，获得的感受才是自己的经历，如果不亲自去参与，你永远得不到提升经验的“点数”。

你要改变自己的习惯，凡事不要总是等着别人来帮忙，很多事是你自己的，当你表现出自己可以做到或者可以做好的时候，周围的人，比如你的父母，才会放下心来。

你要跟着爸爸妈妈学会基本的生活技能，穿衣吃饭打理自己，这些都是你自己必须要做到的；你还要学着去做一些家务，这些事并不耽误工夫，都是你生活中的必备技能，做饭、洗衣、扫地、刷碗、整理房间，家务事没有大小，只要你做，只要你经历过，这就是你提升自己自理能力的基础。

你做的事情越多，你的承受能力也就越大，为什么人们说“能者多劳”，所谓的“能者”，正是因为有更多的经历，积累了更多的经验，所以他才能“多劳”。当你能做的事情变得越来越多，你其实本身就已经在不断地攀登高峰了，这些小事会成为助力你攀登的坚实的基础。

第二，让生活丰富起来。

不仅要做自己力所能及的事情，你还要让自己的生活变得更丰富一些，除了日常的生活与学习，你可做的事情还有很多。

比如，参加丰富的课外活动，可以参加学校里组织的各种社团活动，或者一些兴趣小组，针对自己的精力与能力，选择不同的内容去感受体验；还比如，参加社区的某些活动，像是卫生宣传、环境保护等服务性活动；当然也可以几个同学凑在一起，不论是做运动还是凑在一起游戏，又或者是一起组织志愿活动，都会增加自己的经验。

第三，看见自己的失败。

这个“看见”，意思是能够意识到自己会经历“失败”这件事，会经历被拒绝、被否定，成绩会不好，也会遇到各种问题过不去，总之就是，你不可能会一帆风顺地一直走下去，生活中、学习中，你总会遇到各种各样的“失败”。

这些失败不是别人可以代替你去承担的，你必须要自己去面对，自己去感受，自己去体验。你只有亲自尝过失败是什么滋味，你才会知道那种难过，那么你就会为了避免经历难过而学会提醒自己，学会在日后避免，并不断锻炼自己，变得更加坚强。拥有感受失败的经历，你才不会因为一点挫折而不愿再继续前行，这有助于你攀登高峰。

另外，在确认努力目标没问题的时候，你还要敢于反复尝试，你最不缺少的其实就是反复尝试的时间与精力，为了实现目标，多尝试几次，其实也是在检验你不同的思路，通过失败，你总能找到最准确的那一条路。

第四，肯定自己的成功。

要想攀登高峰，你还要给自己一些“甜头”，要肯定自己的成功，让自己有想要继续前进的动力。而且，某一方面的成功，其实是可以促进其他方面成功的，这是因为负责大脑的情欲、感觉的多巴胺，可以传递兴奋及开心等信息，当你经历那些成功的体验时，你的大脑会产生更多的多巴胺，你就会获得一种激励，“如果再次成功，你会感到更加快乐”。

所以，对于自己的成就多一些肯定，能意识到自己有缺点，但同时也要能关注到自己的成功，越是自信，越是快乐，你也会越觉得攀登高峰是一件快乐的事情。

第四章

进行学习规划，让你永远快人一步

● 我总觉得我在学习方面很是没有头绪.

嗯，如果你感觉是这样的话，你的学习可的确是遇到了大问题。

● 那怎么办啊? 我也好想能实现有序学习，让自己的成绩提升一大截.

其实有一个好办法，建议你进行学习规划，为你的学习进行更好的安排，怎么发扬长处，怎么弥补短处，怎么更好地利用自己的学习资源，怎么更充分地利用每天的学习时间，又怎样通过努力实现最终的目标，当你把这一切都安排好，并认真努力地按照这个规划去执行，也许你的学习就会逐渐步入正轨，并最终取得好成绩。而且，如果你规划得当，没准儿你的学习还能有所提升，变得比别人快一步。

好的规划是学习之路上的踏脚石

做事的时候，有计划和没计划，最终出来的结果，多半都大相径庭，有计划地去做事，对每一步都进行规划，并根据实际情况进行相应调整，认真付出努力，结果与预期都不会相差太大，甚至比预期还要好；但如果毫无规划，想起什么就做什么，东一榔头西一棒子，也许最终你能歪打正着，但多数情况下，你可能都会偏离原本的目标，并且还会出各种错误，遇到各种障碍。

所以做事之前先规划，对于你的每一次行动都有很重要的意义。当你确立了合理的目标，制定了适合自己的规划，那么你的学习就会变得井井有条，能够明确每天做什么、每一次努力要实现什么，也会在不断完成任务的过程中解决一个又一个学习上的难题，学会一个又一个学习上的重点，你将更多地体会到成功带来的快乐。

那么什么是学习路上的好规划？

首先，你得有一个合适的目标。

目标是一个规划的核心，目标明确，规划起来就有了方向；目标舒适，规划过程也会更有动力；目标实际，规划起来又能让你觉得未来可期。所以，如果你要给学习之路设定良好的规划，那么选择合适的目标就是首要前提。

目标分大小远近，“你在学习方面想要获得一个怎样的结果？”这就是一个大目标，也是一个比较远的目标；“最近一段时间里希望自己进步到一个怎样的程度？”这就是一个小目标，是一个比较近的目标。不同性质的目标将会引领不同方向的努力，你也要好好斟酌，然后再下决定。

有人会说，我有好多目标怎么办？其实这也没问题，你要分得清轻重缓急，把那些需要迫切实现的目标安排在先，其他的目标顺序排列。而且，不同性质的目标你努力的方向也并不一样，只要时间安排合理，你的精力足够，也是可以双管齐下的。

比如，你想要提升自己做题的熟练程度，同时还想要读完一本书，这两个目标并不冲突，你只需要做到合理安排时间，就能让两件事同时得以进行。而具体到怎么去制定通往目标的路径，那就是接下来我们要考虑的事情了。

其次，你要安排通往目标的合理路径。

你与目标之间是有一定的距离的，你要选择合理的路径以更稳更准更快地奔向目标。那么这个“路径”，就是规划中需要你执行的部分，你安排的这个路径应该具有可操作性。

规划需要你一步一个脚印地去做出来，每一步需要做什么，要做到一个怎样的程度，这些都要在你的规划中有所体现。你可以根据自己的实力去作出安排，既不要超过自己的能力范围，让自己疲于奔命，但也不能安排得太轻松，导致自己愈发懈怠。要做到量力而行，让自己能够过得充实，同时保证可以实现目标。

最后，这个规划应该让你有想要去执行的主动性。

有的人把规划做得很精致完美，但这只是表面上看上去的感觉罢了，要么操作性不强，要么让自己感觉很纠结，总之没有想要去做的欲望，这样的规划还不如不做，否则摆在那里只能徒增烦恼。

做规划并不是一种赌气行为，也不是要做给谁看，同样也不是摆在那里当装饰用的，你的规划除了要有可操作性，还要对你有足够的吸引力与推动力。你可以按照自己的节奏去安排，规划中可以给自己设定相应的奖惩措施，每实现一小步目标，犒劳一下自己，也可以用一些让自己感觉更舒服的表达方式。

比如，关于读书的规划，如果说“每天读书半小时”，这是很平白的一句，没什么情感的波澜，看得多了就会觉得没意思，试试换成“读书半小时，充电一整天”，这就显得比较俏皮；如果换成“我真是太佩服你啦，能坚持每天读书半小时”，则是在给自己打气。

规划是做给自己看的，是给自己用的，所以更为舒服、直接，更能让自己感到有动力的表达以及内容组合，都可以放进规划之中。总之，你应该让你的规划成为促使你真的愿意主动前进的动力，这样它才能实现它应有的价值。

善于规划自己的学习资源

试想一个场景：即将开始计划中的学习内容，你表现得信心十足，规划内容也制作得很有想要做下去的欲望，你也保持着足够的热情已经坐在了书桌前准备开始“奋斗”。但就在这时，你忽然发现平时惯用的笔和笔记本不见了，于是你开始寻找，翻书包、翻抽屉，回忆自己到底把它们放在了哪里，随着时间慢慢过去，等你终于找到笔和笔记本，或者终于想起来自己把它们落在了学校书桌的抽屉中，你会发现，自己最初的热情已经消散了，取而代之的是你因为找东西而积累起来的烦躁和疲劳。

可见，即便你之前安排得再好，但若是没有给你的学习资源做好“规划”，那么它们就会在你热情满满的时候给你设定“障碍”，让你完全没法尽情投入。所以，若说规划，学习资源的规划也是你需要重视起来的内容。

一般来说，学习资源包括你要用到的文具、工具书、作业本、参考书，还包括起到辅助作用的台灯、电脑、草稿纸，等等，有时候还会根据你的所学有一些特殊用具需要准备。这些资源你不只要准备齐全，也要放置得当，保证取用方便，使你的学习不因为这些旁枝末节而受到影响。

根据你的使用习惯和当时需求，学习资源会被放到不同的地方，你要把这些地方整理得井井有条，再拿取学习资源时才会得心应手。

第一，书桌。

在一般家庭中，书桌估计是你学习的主要阵地，书桌上与学习有关的用具摆放得当，会让你实现安心学习。

书桌上可以摆放质量优良的照明设备，但这设备是要纯粹地只有照明功能的，也可以带有钟表功能，但不能加入其他娱乐之类的功能，所以在照明设备的选择上，你最好参考一下爸爸妈妈的建议。照明设备要放在合适的位置，低于眼睛的高度，正对着学习的区域。

根据你的需求，结合爸爸妈妈的建议，再来决定要不要在你的书桌上摆一台电脑。如果需要，那就把电脑摆在书桌的一侧，给写作业、阅读学习留下足够的空间。

桌面上要有笔筒一类的放笔的器具，并经常及时检查，准备好笔油充足的笔和削好了的铅笔或者装好自动笔芯的铅笔，当然其他一类的诸如尺子、橡皮、卷笔刀、更换用笔芯、钢笔水等也可以一并放在笔筒里或周围。

桌面上还可以摆放一定数量的纸张，以备不时之需。

另外，可以在桌面上准备一小块区域，使用书立或者小书架来摆放经常用到的工具书、参考书，比如字典、词典、地图集、各个学科工具书，等等。

如果你的书桌有抽屉，那么根据抽屉的容量，你就可以把一些东西收纳进抽屉中，比如暂时用不到的纸张，笔、尺子等各种工具，小夹子、曲别针，用过的需要保存的笔记本等，都可以放在抽屉里。

第二，书包。

书包是你携带资料的工具，而并非存放物品的工具，所以你要保证书包的功能很纯粹。因为书包会经常“流动”，跟随你去往各个地方，所以不要总在书包中留存重要的东西。

你需要清理一下书包，把与学习无关，或者与课堂要求准备的东西无关的内容都清理掉。比如有的人喜欢在书包里装零食，有的人又总是在书包里放一本工具书，如果不是必要，这些东西都要从书包中搬家。

一般来说，书包都会有大小不一的袋子，你可以根据这些内袋来安排书包中的布局。课本放在哪个袋子里，笔记本、作业本又放在哪里，其他文具又放在哪里，老师要求带的某些工具又放在哪里。每天晚上，你可以根据第二天的课程和老师的要求，来安排几分钟整理好书包。尤其是在完成作业和学习之后，要确认作业和要用的东西是否带齐全。

第三，书架。

书架的安排这里只是一个建议，一个宗旨是要摆放得符合你的需要。

比如，你可以把最常用到的书，放在你伸手就能够到的位置，那些不常用的可以放在最下面，不会碍事，但也能保证整齐。

你还可以把自己用过的笔记本、作业本，考完试的试卷等也放在书架的合适位置上，以免它们被乱丢，影响后续的复习。

但是一些课外书，你最好放得比较高一些，就是不得不站起来去拿的那种高度，以免因为太过“方便拿取”，而让你的注意力轻易被转移。

可能你还会有其他一些学习资源，那么也希望你一并将它们收拾整齐，便于你的拿取。你需要记住一个 10 秒钟规则，即如果你不能在 10 秒钟内找到你想要的东西，那么你就难以再保持专注地去做事了。所以，规划好你所有的学习资源，才能保证你更有效率地学习。

每天花 5 分钟做一个“待办清单”，并好好利用

不知道你是不是曾经有过这样的经历：

放学回家，拿出作业本就开始写，写了没多久，发现有点难，就换一科继续写，但是写到一半又忽然觉得，刚才没做完的那一本作业很令你纠结，但是转念一想，过会儿还要看一会儿书，于是你一时间不知道到底应该怎么做，眼前这个作业虽然很简单，但是这时候已经没有了刚开始那么专注的热情，完成的时候也就有些意兴阑珊。最终，当你一番挣扎把所有内容都完成时，你会觉得自己特别累，可是收获还并不大，并没有那种“我今天完成了任务”的明显舒适感。

之所以会出现这样的情况，其实是与你没有进行时间管理有很大关联的。你考虑的东西太多，顾及的东西太多，但又对时间没有安排，这就导致你同一时间里被好几件事情分了心，结果折腾得自己身心疲劳。

学习也是一件需要系统进行的事情，不仅有具体的、大的规划，每天的学习时间你也可以进行一些小的临时的规划。比如针对每天的学习，你就可以花几分钟制定一个“待办清单”，让自己的关注点更为清晰，同时也能保证不会忘记什么事情，把时间好好利用起来的同时，也保证你的学习效果令自己满意。

要制定“代办事项”，你可以按照下面的步骤来做。

第一步，确定要做的事情。

这一步其实从你在学校里的时候就已经开始了，每一堂课老师都可能会留下作业或需要完成的任务，你根据课程的进展可能也会有自己的阅读或其他动手安排，建议你及时把这些内容记录下来，准备一个专门记录的小本子，以免忘记。另外，如果你想到某些回家需要做的事情，也要随手记下来，方便安排时间。

第二步，对所有事项进行分析。

完成一门简单的作业，可能需要 15 分钟；完成比较难的作业，比如背诵，这个就要根据你自己的能力来判定了；阅读又需要 30 分钟；如果还有其他需要做的事情，时间也同样需要安排……如此来看的话，你不能很直接地就把每一门作业按照上课顺序做下来就完了，也不能让作业之外的其他事情这么“顺其自然”地就发生，否则你可能一边在浪费时间一边又会觉得时间不够用。

你需要对即将要做的事情进行分析，按照你的习惯，可以从简单到容易，或者从容易到简单地安排下去。当然你也可以这样来做，把你不那么喜欢的事情与你喜欢的事情穿插进行，当你集中精力完成一件不得不做的作业时，接下来愉快的阅读时间可能就会成为你对自己的奖励，这会让你成就感和愉悦感并存。

第三步，制定合理的“待办事项”清单。

准备好一张纸，对照你已经列出来的各种事情，结合它们的难易程度、你对它们的喜欢程度，以及处理时间，将你的清单列出来。

首先你可以先划分大块的时间，比如晚饭前的时间可以做哪些事情，哪些事情是晚饭后到睡觉前需要做的，这样能保证你的注意力始终专注于某个时间段里的事情，而不会考虑得太多。你可以列一个表格，把晚饭前、晚饭后这两项列在表头，然后在这两项的下面填充需要做的事情。

接下来，你还要区分哪些事情是你必须今天要做的，哪些事情并不是那么紧急，不一定非要今天完成，然后把必须要做的列在前面，不必要的事情放在后面。必须要做的事情中又包括难易、兴趣不同的内容，这时你还可以再细分。

这个过程中，你要把握好时间，不要安排得太满，要给自己留出可以处理突发事项的余地。比如你写作业的过程中，忽然意识到作业本还有一页纸就用完了，但是家里此时没有多余的备用，那么你就需要临时出门，这时就可以使用机动时间，而不至于让你太过紧张。

“待办事项”清单在很多时候都很有用，你可以安排一天、几天、一个月的时间，可以帮你把一个比较长的规划划分为更容易实现的小目标，让你每天都能过得充实，同时也会因为有趣的安排而免于你中途心生懈怠。

建议你把待办事项清单列成表格，不需要用很多文字去描述，用自己能看得懂的简单的几个字就足够了。做完一件事之后，就可以把那件事划掉，或者打上对勾，这有利于你感受成就，同时也方便你了解自己的工作进度。

另外，如果你的“待办事项”清单完成得不算好，你还可以据此来重新衡量自己的能力和时间的安排，多加练习、多加使用，日后你的规划能力会变得越来越好。

合理目标的设置标准——SMART 原则

目标管理中有一个“SMART 原则”，“SMART”是 Specific、Measurable、Attainable、Relevant、Time-based 这五个词组的缩写。这是订立目标时需要谨记的五项要点。

S 代表具体的，指目标要定得具体，不能笼统，否则不便操作。

M 代表可度量的，指目标要是数量化或行为化的，验证目标指标的数据或信息是可获得的。比如一小时内读完书才能出去玩，这个“一小时”就是为了读完书而设定的时间。

A 代表可实现的，指目标要设立得合理，是经过努力之后可以实现的，以避免设立过高或过低的目标。

R 代表相关性，指这个目标与其他目标要是相关联的。意思就是要实现的这个目标，要与其他目标有所关联，这个目标才有意义。比如目标是每天背单词半小时，这个目标是与提升成绩有关联的，所以是有意义的。

T 代表有时限，指完成目标的特定期限。

根据这个原则去制定目标，你就能保证你的目标是符合当下自己需求的，且安排更合理，并具有实用性。学习也同样需要制定目标，对学习的规划，目标是核心，制定出好的目标，你的规划才更有意义。那么，学习上的好目标是什么样的呢？

首先，目标应该非常具体，具有可操作性。

比如，你可能曾经给自己定下一个目标是，“我要抓紧时间努力学习”，这个目标太大了，怎么做才算抓紧时间？怎么才算努力学习？这种笼统的目标虽然说起来很容易，可是因为具体操作太模糊，你会摸不准自己到底应该怎么做，一切操作都显得很无序，时间久了，你就会失去努力的动力。

所以，真正好的目标一定是具体到可实际操作的行为上的，相比较“抓紧时间”“努力学习”这样笼统的表述，你如果说“我要在晚上 7 点到 8 点之间专心写作业”“保证作业工整，争取作业准确，错误不超过 3 处”，这样一来，你的目标就被细化到了非常精细的程度，你能很明确地意识到自己应该怎么做。只有这样的目标，才能让你在产生成就感的同时，也取得真的有实质性的进展。

其次，目标是你可以控制的。

目标的主要影响因素在你自己，这样的目标才能为你所掌控，否则如果你要实现一个目标还必须要看其他各种因素的综合作用，如果某一个因素或者某些因素出了问题，你的努力便也随之受到影响，这样的目标对你来说其实意义并不大。

比如，“我期末考试要考进前十名”和“我争取只犯一次粗心的错误”，这两个目标相比较来说，显然后一个的个人掌控性要更强一些。因为你要考进前十名，除了你自己要努力这个因素之外，还包括其他同学的努力、试卷的难易程度、总成绩计分的方法等种种因素，而其他因素显然都不在你的掌控范围内，那么即便你自己努力了，也可能并不能实现这个目标。而后一种目标则明确多了，粗心这个问题，只有依靠自己克服，是不是能实现这个目标，就全看你自己了。所以，只有你可自控的目标，才更适合你。

再次，目标要适合你的能力。

过高的目标可能只是看着比较好看，但超出了你的能力范围，你只能心有余而力不足，半途而废的可能性比较大；过低的目标毫无挑战性，两下你就实现了，你会对自己有一个错误的判断，认为自己已经不需要依靠什么目标来奋斗了，这无疑是导致你懈怠的一大原因，更严重的是还会导致你的退步。好的目标应该是保证你经过努力可以完成的，如果能激发你的潜能就更好了。

最后，目标要能合理地化整为零，且有时效性。

将大目标划分为小目标，保证你每走一步都有收获，同时也让你更容易接近最终的大目标。且不断地取得成功，也会给你带来前进的动力。从某种角度来说，大目标的实现过程也可以被看作是一个规划的过程，一步一个脚印前进，比只望着远远一个目标毫无成就感要好得多。

同时，你的目标还要有时效性，不能无限期地执行下去，大目标虽然是长期目标，但也要有时限，不要时间太久，否则你要么遗忘，要么懈怠。你将大目标拆分成中期、短期目标时，也要依据大目标的时效来划分中短期目标的时效，用一个又一个小阶段的时间来限定自我，保证目标的可行性，对自己也是一种约束。

通过这一番介绍，相信你已经明确了制定目标的原则，又明确了怎样才算是学习上的好目标，那么接下来你就可以按照这样的原则和标准，来制定最适合你自己的学习目标和计划了，希望你也能拥有可以引导你不断进步的好目标。

明确要达成的目标，将其细化、拆分

好目标其中之一的标准就是能够分阶段执行，使你不至于除了埋头苦干什么都得不到，将目标细化、拆分，你会在一个又一个小成功中离大成功越来越近。

有一位马拉松运动员，他之前曾把奔跑的目标定在40多公里外的终点，但跑了十几公里之后他就疲惫不堪了，并对遥远的目标心生惧意。

后来，他改变了策略，每次比赛前，都先走一遍赛程道路，记录下沿途比较醒目的标志，比如银行、大树、红房子，他把赛程划分成了一个个小赛段，那些标志就是每个小赛段的终点。再开跑时，他就全力冲向第一个小终点，到达之后再全力冲向下一个终点，就这样一小段一小段地跑过去，他发现自己竟然很轻松地跑完了全程，而且还拿到了不错的成绩。

运动员将自己的成功归结为“智慧取胜”，他成功的原因，正是将大目标细化拆分成小目标，使得他不至于因为目标太远而疲惫与恐惧，他总能从一个个小目标中获得成就感，这给足了他动力，推动他在不断的满足感中冲向终点。

学习中，建议你也这样来做。你要做的事情很多，目标又因为太大而不那么明确，你的确有付出，却忙乱不堪，结果当然也就不理想，而且因为目标太远，你一旦经历挫折，很容易就会放弃。如果你能借鉴这位运动员的这种把大目标细化、拆分的做法，相信你会有不同的感受。

具体来说，你可以按照以下方法来做。

首先，明确你的目标。

你人生中可能会有很多目标，单就学习这个阶段，你的目标应该就有不少，但显然你不可能在同一时刻兼顾太多，所以在某个时间内，你需要明确一个专一的目标，保证自己能全心全意地去向着这个目标努力。

要明确目标，你就需要按照目标的性质来进行“排序”。你可以根据事情的轻重缓急来列出目标，把时间要求紧迫的、重要的目标、必须要做的事情安排在先，不那么着急、也没那么重要的事情依次排列在后，一些不需要当天必须做到的事情也可以换个时间再安排。

经过一番筛选之后，你就可以得到当下最迫切需要实现的一个目标，然后再进行后续的安排。

其次，把你的大目标进行细化拆分。

知道自己要实现一个怎样的目标之后，你可以先分析一下这个目标。比如，你准备利用一个小时完成所有作业，那么“完成作业”这个目标都包括哪些内容呢？大一些的分类可能包括有语文、数学、英语等科目的作业，而每一个科目下又会有不同的要求，语文可能会有抄写、背诵，数学会有计算、记忆，英语也会有书写、朗读。在这个过程中要做到事无巨细，不要漏掉任何一项任务，也就是不要把大目标拆分得反倒丢掉了某项小任务。

当你把大目标拆成一项项小目标之后，你就可以进行下一步了。

再次，你要对这些小目标进行统筹安排。

每一个小目标需要的时间并不都一样，当你把大目标列成小目标之后，就要根据自己的能力来考虑每完成一个小目标需要多少时间。

同时，你还要注意难易结合与兴趣分配，因为越是容易的，越是你感兴趣的，你完成目标所需要的时间会越短，但越是困难的、枯燥的，你完成的也就越慢，可以将二者穿插来进行。比如你可以先做难的，然后做一个简单的让自己得以放松，再做一个枯燥的，然后做一个感兴趣的给自己提神打气。总之你要根据自己的情况来合理统筹规划所有时间。

最后，你要认真执行并最终总结。

不是每一次的目标制定都做得很合你心意，而你每一次的表现也并不一定很符合最初目标的规定。要能制定合适的目标规划，要能实现良好的目标完成度，你需要不断的练习与适应。所以每次目标规划做好之后，建议你认真执行，同时在完成后进行一下总结。

看看自己认为的“明确的目标”是否合适，要检查自己的完成过程是否完整，规划的内容是否合理，你有没有出现烦躁、半途而废、懒惰等种种情况，或者有没有出现总是提前完成目标的情况，如果有那就说明这个目标规划需要调整。你应该时刻关注自己的变化，关注所学内容的变化，针对当下的真实情况去制定让自己感觉更舒服以及更有效率的目标规划。

锁定目标，找准人生舞台，坚定执行并快速实现目标

给学习定个目标，制定一番规划，经过足够的努力，得到一定的成绩。从理论上来讲，这个过程是可以实现的，然而放在实际中，你会发现很多情况下，这个过程是一种理想化的过程。

还用完成作业这件事来举例。你做着数学作业，正想着该用哪个公式的时候，忽然又想起了自己好像也没记住应该记住的英语单词，然后你的大脑就一边在想公式，一边在想单词，如果此时再有个什么别的声响，没准儿你又会想起什么其他的事来。

显然，如果你没有锁定目标，哪怕你目标选得再好，规划做得再精细，恐怕也做不到完美执行。

一个最直接的解决办法，就是你要做到心无旁骛，锁定目标，不再受到其他干扰，直到完成目标，简单来说，就是你一定要保持专注。

其实在很多动物身上，我们可以获得关于专注的启发。

比如狼，狼有一个非常显著的捕食特性，它常采用穷追的方式获取猎物，穷追，连续追击、彻底追击，不放弃目标，专注一处，直到实现目的；还比如豹子、狮子、老虎等大型猫科动物，它们会在一群草食动物中去锁定一个，一旦追击开始，哪怕这群草食动物跑得有多乱，它们也依旧死盯一开始被锁定的

那一只，然后一举成功。

可见，锁定目标，心无旁骛，才是保证你实现目标的首要因素。

锁定目标，意思是你要找一个很准确的大目标，且不会轻易变动。比如，“我要成为这学期的三好学生”“我想要考上某个想去的中学”，这样的目标会成为你学习的大方向。

一旦锁定目标，你就要锻炼自己的专注能力，目标在前，其他的任何事情对你来说都应该已经变成了次要的。接下来针对目标制订的各种计划，你都要保证心无旁骛地去执行。也就是说，在锁定目标之后，你要做的就是提升计划的执行能力。

首先，收起各种可能带来干扰的物品。

你们这个年纪，并不是所有人都能抵御得了来自外界的各种干扰，包括你在内，抗干扰的能力都还有待提升。如果你没法做到对面前的课外书“视而不见”，那就不如选择“避而不见”，把它们都收起来。暂时与你当下要做的事情无关的东西，都先让它们远离你的视线。

这里特别要提一下手机和平板电脑，虽然不排除一些极其特殊的情况，但对于现在的你来说，并没有什么需要靠手机才能完成的事情，也不需要你多么忙碌地通过手机去联系业务，手机不是你学习的必备工具。而平板电脑的使用你更要慎重，如果不管什么问题你都要靠平板电脑来解决，那相当于你并没有自己真正学会并理解，你应该担心的是自己怎么才能提升学习能力，而不是“如果没了平板电脑我该怎么做题”。这两件东西存在的必要性，你最好和爸爸妈妈好好商量一下，因为不可否认的是，它们恐怕正是你不能安心的主要原因之一。

其次，不要总带着“补偿心理”去执行计划。

不是什么都能补的，时间绝对补不回来。如果你没有好好作计划，那么这段被你浪费的时间对于你来说就已经永久消失了，日后再补，那你消耗的就是日后的时间，这段消失的时间你穷其一生都找不回来了。

而且，计划既然被制订好，就是要你去严格执行的，没有那么多特殊情况供你变动。“过后补”的心理，其实是你的懒惰、拖沓以及不求上进的心思在作怪，摆正心态是你当下要做到的事，而不要从计划上去“找茬”。

再次，体会专注所带来的乐趣与成就。

专注其实并没有我们想象得那么无聊，你可以回忆一下，当你专心看电影、专心做手工、专心思考一个问题时，你的状态是不是很舒服？经历专心所得到的结果，你是不是又觉得自己的付出超值？

凡事多从积极的一面去看，你自然会感受到乐观，专注会让你不再纠结“怎么时间过得这么慢”，专注会让你在不知不觉中就获得意想不到的收获，专注还会让你全身心体会到自己正在做的事情带给你的影响。所以不要再觉得枯燥无味，只要你能安下心来投入进去，你总能发现专注带给你的益处。

最后，可以向外寻求一个“监督员”。

还是那句话，我们并没有那么强的自我监督能力，很多时候一个不留神，脑子就直接带跑了我们的专注。

所以，当你发现自己总是不能集中精力去执行计划的时候，也可以向外求助，爸爸妈妈、老师同学，都可以成为你的求助对象，请求他们在某些时刻给你提个醒，帮你把跑走的思绪拉回来，让你重新回归专注执行计划的状态，这也是一个不错的选择。

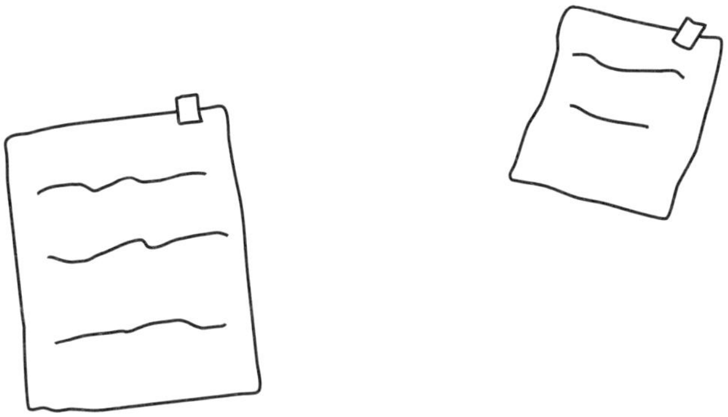

第五章

学会时间管理，运用好你的每一分钟

● 时间就是金钱，这都多老的一句话了啊！

话虽老，理却永远都是真理，你不能否认时间的宝贵。

● 我知道这个道理，但我现在还年轻，时间可多得是呢。

那你该庆幸你现在还年轻，你还有机会去更好地学习，让你的时间不至于白费。时间是宝贵的，很多人是到年老才真正懂得这个道理，但已经为时晚矣。所以建议你从现在开始学会时间管理，让你的每一分钟都发挥它的作用，让你度过的每一分钟都能带给你充实感，这样等到你年老的时候才不会留遗憾。

认识时间管理的重要，跟时间做朋友

时间是我们的朋友，如果你愿意以朋友相待的话，它会成为和你配合最默契的朋友。但很多人却并不把时间当成朋友来看，他们觉得自己已经是时间的主人了，于是便肆意挥霍，毫不心疼地浪费，每一天都无作为地那么混过去，自己反倒认为这样的生活就叫“洒脱”。殊不知，这样的生活状态，恰恰就是时间发出的嘲笑，它就这样悄无声息地从你身边溜走，同时也带走你的健康，带走你原本灵活机敏的大脑，带走任何可能改变你现状的机会。你对时间不屑一顾，时间也将对你爱答不理。

神奇的时间对所有人都是公平的，一天 24 小时，一年 365 天，所有人都是这样的“分配”。而且，时间本身其实是“一次性”的物品，一旦使用没法回收，更不可能补齐。可是，面对如此令人不悦的性质，有的人却依旧能和时间搞好关系，并真的与时间做起了好朋友，并在时间的帮助下发挥自身最大的能力和潜力，一步步走上人生的顶峰。

是不是很神奇？难道那些人有什么绝密妙招吗？并不是，他们只不过都掌握了一项技能——时间管理，由此就可以做到好好分配时间，不浪费一分一秒，实现事半功倍的效果。

对于青少年学生来讲，时间管理也同样重要，虽然你现在的确是处在更愿意玩耍的年纪，想要更多的自由时间，但如果你能意识到做好时间管理的重要性，那么你玩耍的时间不但不会减少，还会因为你合理的安排而让你更能体会到纯粹的快乐。

说了这么多，估计你会问了，这个重要性到底重要在哪里了呢？

第一，时间管理会带给你安心感。

人在什么状态下最安心？就是当所有事情都能安排得井井有条，不为没做的事情发愁，不为忘做的事情紧张，不为做不完的事情担心。对于我们学生来说，能够把自己的学习生活安排得井井有条，不会出现作业忘记做或没做完、老师布置的任务没完成这样的情况，且自己当下也没有什么问题遗留，基本算是按部就班地向前推进，这就会让我们感到安心。

实现这些的前提，就是你运用了时间管理，你把时间合理分配，保证每一件事都能按照你的预期发展及完成。做到事事心中有数，保证不会出现各种事情一团乱的情况，你自然就能体会到那种令人舒服的安心感了。

第二，时间管理让你更快体会到成就感。

当你可以把每一件事都合理安排时，时间会发挥它最大的效用，可以帮助你把事情做到极致，让你的能力得以更好地发挥，从而为你换来你想要的、甚至是超出你预期的成就。

这是因为时间管理会帮助你注意到各种细节，按部就班以及井井有条都能帮你免于遗漏，也能让你把每一步都做到位，从而使你更快接近成功。

第三，时间管理会影响你的主观幸福感。

其实人对于合理的生活都是有向往的，越是有序的生活，越能帮助人建立积极正面的情绪。否则，如果我们每天乱哄哄地生活，想起来写作业就赶紧写，写一半又想玩然后就去玩，结果最终学习的时间不够用，玩的时候也不够尽兴，这无疑会促使我们的情绪变得复杂起来。更何况，这种混乱的状态下，我们的成绩也好不到哪儿去。糟糕的成绩、老师的指责、父母的训斥，你的情绪也会变得更混乱，这哪里还有幸福感。

可一旦我们使用了时间管理，有了良好的作息，有了良好的学习生活时间安排，知道劳逸结合，知道轻重缓急，这样的表现就会提升我们的精气神，使得我们对学习对生活都会有更为积极的看法。

既然如此，你何不也主动一些，去和时间做朋友，了解时间带给你的好处，理解时间对你的一番“苦心”，接纳时间给你的分配，也主动去表达你自己的需求，这样你就能从时间这里获得更多的成长，你会更深刻地感受到时间这个“朋友”对你的付出。

学会预估时间，并列出自己的“时间开销”

做一件事，都需要哪些步骤，大概需要多久，这是我们在做事之前都应该考虑的，也就是我们要懂得预估时间。你对时间的估计越贴合实际，你的安排就越能符合自己的预期，否则不管是估计的时间太久还是太短，都会对你的时间管理产生影响。

比如，你原本估计自己要用一个小时来写作业，但是你没有考虑到作业的难度以及自己做作业的速度，只是单纯地凭借自己的想象给出了一个大概的时间，这样的预估就是无效的，而这个无效的时间也可能会给你带来心理压力。与真实需求相比，预估时间若是太短，你会觉得自己做不完而心生焦虑；预估时间若是太久，你又会慢慢懈怠下来，导致拖延、任务堆积等情况的出现。所以，学会正确预估时间，将有助于提升你的时间管理能力。

要正确预估时间，得认识时间和你自己。

你要知道时间对你的重要性，时间所代表的具体“时效长度”是多少，也就是你要知道，10 分钟到底有多久，按照你的能力在 10 分钟里你可以做到什么事或做哪些事。

我们总听到有人说“这个孩子对时间没概念”，其实就是在说他并不了解时效长度。比如课间 10 分钟，有的同学就知道抓紧时间去上厕所、准备下一堂课的课本，并喝点水让自己的大脑休息一下，然后上课铃响就能刚好投入新的状态；但有的同学就完全相反了，他想玩，也想上厕所，还想找同学借东西，又想不耽误下节课，他没有意识到 10 分钟其实并不能让他完成这么多事，而他又不了解自己的能力，结果他可能光顾着玩，结果完全没时间去厕所、借东西，可能上课铃响，他还在努力地从操场向教室里跑。

所以，当在课堂上或家庭中，你开始接触到与时间有关的学习了，就要认真一些去听、去理解，同时也要细心一些去感受不同时间段的长短，用身体的感受去记忆时长。比如，用10分钟来举例，你可以自己设定一个10分钟的闹钟，然后做一些事情，看看10分钟里自己到底都能做些什么，多经历这样的时间感受，你会对时长逐渐有清晰的认识。

与此同时，你还要注意自己的能力，有的孩子动作灵活，操作熟练，他的10分钟可能就能做到很多事，但你可能比较慢一些，那么你就不要以别人的10分钟来作参考。自己的能力自己知道，只有根据自己的能力来安排各种事情，你才不会出现错误估计时长的情况。

当然，能力并不是一成不变的，随着成长，你会不断有所改变，你在估计时间的时候也要考虑到当下的情况。

其实有一个很有效的方法，可以帮你更快速地学会预估时间，那就是罗列自己的“时间开销”。所谓时间开销，就是你某一段时间里都做了哪些事，每做一件事情都需要用多久。通过你的经验，来认识时间的长度以及自己的能力，同时还能让你意识到你到底有没有浪费，并能促使你更好地安排自己的时间。

比如，星期六一整天，你可以记录一下这一天都做了什么，写作业、课外阅读、玩耍、休息、锻炼、做家务等，把做每件事的时间都记录下来，看看你的时间消耗。如果你在玩耍、休息等事情上消耗的时间太多，那么你就要好好调整了；不过如果你发现在学习方面的时间也消耗得很多的话，你同样也需要反思一下，看看原本可以一小时解决的作业，为什么耗到了一个半小时，看看原本能够有锻炼的时间，为什么全都被读书学习占去了。

罗列时间开销对你来说也是一个时间管理能力的检验，通过自己对时间的消耗，来反思在时间管理方面出现的问题，然后再重新进行安排。

另外还要注意一点，有的人总是会逃避真相，对自己的能力并不认可，这在预估时间方面是大忌。比如按照你的能力，要写完同样多的作业的确需要一个半小时，那么你就不要非得强迫自己在一小时内完成。预估的作用是为了让你更好地安排时间，而不是让你去逞能。你应该关注的是怎么在日后的成长过程中提升自己的能力，以提升时效。要脚踏实地地去改变自我，并用更合理的时间安排约束自我。

按照学习任务的轻重缓急安排时间

每个人每天都会做很多事，有的人忙碌一天会觉得收获颇丰，但有的人虽然看上去也很忙，可他真正做的事情却没几件，还有的人一天忙下来结果却发现最重要的事情没有做。之所以会出现这样不同的结果，就是因为有的人可以合理安排时间，但有的人却抓不住事情的真正性质。

根据重要与紧急程度，每件事都有自己的“属性”。一般来说，我们要做的事情可以被分成四类：重要且紧急的事情，不重要但紧急的事情，重要但不紧急的事情，不重要也不紧急的事情。学习上的事情也可以这样来分类。

其中，重要且紧急的事情需要先做，并且要安排充足的时间，比如当天必须要完成的作业，老师布置的紧急任务等。

接下来需要做的就是不重要但紧急的事情，因为紧急所以你也要提高做事效率，但因为不重要所以可以排在优先的“重要且紧急”的事情之后，比如作业中需要爸爸妈妈签字的项目，并不算很紧要的事，可却具有“不得过期”的要求。

再然后是要做重要但不紧急的事情，当紧急的部分都做完之后，就要开始以事情的重要性来决定做事的先后顺序了，越是重要的事情越要排在前，比如准备后续考试，养成良好习惯等都属于这一类。

最后就是不重要也不紧急的事情，这一类事情其实是介于可做可不做的边缘的，尤其是有些事还有可能是没有意义的，比如频繁玩手机等电子产品，这种事最好能免则免。

事实上，除了轻重缓急，不同的事情还有另一层性质，其分类依据就是“是否想做”和“是否必须做”。有些事是你想做也必须做的，比如感兴趣科目的学习；有些事情是你想做但不是必须当下完成的，比如某一种兴趣的长期培养；有些事是你不想做但又必须做的，比如并不喜欢的科目的学习。

结合事情的轻重缓急程度，你应该给予学习方面的各种事情一个更合理的安排。

首先，你的时间分配要合理。

有的人遇到想做的事，就会没完没了地去做，其他的事情则能拖就拖。这样的时间分配就是不合理的，能遇到你喜欢做而又必须要做的事情固然是好事，但却不能因为兴趣浓厚就忽略掉其他的事情；而其他虽然你不喜欢但却也很重要的事情，你也一定要引起重视。把你能利用起来的条件都用到，让每个需要做的事情都能有充分的时间，这才是你对自己的学习负责任的表现。

其次，要注意凡事应以“紧急”为先。

凡事都要以“紧急”为重，只要一件事被冠以“紧急”这个形容词，那就意味着它要被放在优先位置上去考虑，不管这件事是你喜欢的还是不喜欢的，你都要先以其为重。

比如说写作业，数学作业可能题目比较多，你觉得麻烦，又是公式又是定理，不仅要记忆还要计算，枯燥无味的感觉一出来，你可能会心生逃避，但完成作业是紧急的事情，且是重要又紧急的事情，所以你不能让自己的喜好感觉占据主动。

最后，把握不同情况下的“重要”与“紧急”的分类。

作为学生，学习的确是重要的事情，但是如果你只顾着学习却忽略了休息，只顾着学习却忘记了锻炼，只顾着学习而牺牲了娱乐时间，只顾着学习而放弃了公德养成，那么这个时候，你就要重新定义“重要与紧急”这个性质了。

没有什么事是绝对的，事情的轻重缓急的性质，也是要根据当时环境才能作出结论。如果你出现了“惟学习才重要”的状态，你就需要好好调整学习方面的时间安排了，要根据身体情况，适当缩减学习的时间，腾出足够的时间来督促自己锻炼，让自己放松下来，并在家务劳动、培养美德等方面增加表现时间。你的学习应该是一种平衡状态下的发展，而不能只是学习单方面很厉害，否则就像一个木桶，你只有“学习”这一块木板很长，但体能、乐观心态、美德、家务生活等方面都是短板，那你这个木桶是没有多少内涵的。

永远做最重要而不紧急的事

最重要的事情并不一定是最紧急的，但很可能需要你耗费更多的时间与精力去执行，比如读书学习、提升自我修养、培养个人内涵。对于一个人来说，这些事情都是人生中非常重要的内容，但它们显然并不急迫，不是说必须当天做到，而是要细水长流。

细水长流会给人带来内心的平静，因为并不着急，所以可以从容规划，有更多的时间去认真努力，按部就班地向着自己想要的目标前进。但对待紧急的事情就不一样了，你显然会更心急，很容易变得焦躁，如果一件事连着一件事，都很紧急，让你的时间一直处于一种被动地向前赶的状态，相信要不了多久，你就开始厌烦，并心生放弃。

所以由此来看，重要但不紧急的事情，显然是做事的最好选择，既能保证你有事可做，还能让你更有前进的动力。

事情的性质并非固定的，一件事之所以成为紧急的事，其实很大一部分原因还在于我们每个人对时间的把控。

还用写作业这件事来举例，如果你在时间非常充裕的时候安排自己写作业，那么它显然就是一件“重要而不紧急”的事情，但如果你前期玩耍或者做其他无聊的事情浪费了大量的时间，等到最后才想起来“赶作业”，就像每次假期开学前都会上演的“作业大战”那样，它当然会变成“紧急的事”。

如果你想要做更多“重要不紧急”的事，也就是让自己能始终保持从容应对，能够有足够的时间去做好规划，那么你需要控制好自己的时间节奏，逐步养成始终在做“重要且不紧急”的事情的好习惯。

首先，要确定一件事是否真的是“重要”的。

很多人看似在做“重要且不紧急”的事情，可实际上他所认为的“重要的事情”却并不那么重要，也就是说当你判断错误时，你付出的时间和精力就全都白费了

所以，你要学会去分辨事情的重要性，去寻找那些真的可以给你带去变化，且也能激励你不断前行的事去做。对待一件事情，要确定它是否真的是重要的，你要看这样两个标准：

第一，在未来一段时间里，它是不是会一直影响你的生活？

第二，如果你现在不去做，它会不会给你带来巨大的遗憾？

你要结合自己的实际情况来进行分析，比如说画画，你认为自己有一定的天赋，对此也颇有兴趣，如果不画，你会觉得生活有些无聊，如果现在不开始努力，那么未来你可能会因为错过现在学习的机会而觉得懊悔，经过这样的分析之后若是你觉得画画对你来说并不是一时兴起而是想要长久保持的一项有意义的兴趣，那么，你现在就可以把它划归到“重要且不紧急”的事情里了，你就要根据自己的需求来开始有所安排。

至于说读书学习，这种对所有人都很明显是重要的事情，你更要从一开始就判断出它对你人生可能带来的影响，并为了这份重要而有所付出。

其次，尽早开始规划，学会未雨绸缪。

要实现“始终在做重要而不紧急的事”，你应该尽早开始规划，也就是要学会未雨绸缪。就拿读书来说，你永远不知道自己所读的书在什么时候会带给你什么样的影响、发挥什么样的作用，但毋庸置疑的一点是，读书对你一定是有益处的。那么，你就应该从当下开始规划，而不要等着明天需要用到这知识了才“临时抱佛脚”。你应该时刻都处于一种为未来提前考虑的状态，这对你的学习，对你未来要做的各种事，都会大有好处。

不过你也要注意，明确自己的能力，可以提前考虑，却不要过度焦虑，你可能遇到的问题有很多，但你要意识到自己已经是提前出发了，你要有自信，

在这个过程中不断地学习，并克服困难。

最后，真正做到按部就班，不要盲目着急。

有时候也会有这样的情况，你一边在做重要的事，却又想到了其他的事，你一边觉得自己手底下不能停，另一边却又想着“如果能多做一些事就好了”。这样的想法导致你在不知不觉中就变得急躁起来。

如果你之前已经有了很好的规划，那么你要做的应该是规划中的事，尽管有机动灵活可调整的时间，可那也并不是你因为心急而开始做更多事的理由。你应该记住一点，不要想着把所有事都做完，而是要保证当下你正在做的是有意义的事情，同时你也要安下心来，耐心等待做完一件再做另一件的过渡。当你按部就班地完成应该完成的事情之后，你就会发现，哪怕不盲目着急，你也可以实现自己的目标需求。

巧妙利用各种剩余时间、零碎时间

总有人说“时间不够用”，但也总有人就像变魔术一样可以把时间“拉长”，同样的一天正常工作学习 8 小时，后者就能收获比旁人多得多的东西。

时间不可能偏心，唯一合理的解释就是，这些有额外收获的人，把一些边边角角的时间捡了起来，把别人忽略的、不用的时间利用了起来，别看只是几分钟、十几分钟，但积少成多，他们因此而获得了比普通人更多的时间。

就好像吃西瓜，一般人吃完中心红红的沙瓤就算了，可是有的人却能把瓜皮利用起来，制作成好吃的食物，他显然比只吃瓜瓤的人尝到了更多的美味。如果将瓜瓤当成是正常的时间利用，那么瓜皮就是额外的时间，丢掉还是再利用，会决定你能够获得怎样的体验。

还是学生的你，可能更倾向于时间的整块化，上学就是上学，放学就是放学，放假就是放假。有人把上课铃、下课铃当成是划分时间的依据，上课铃响，学习时间开始，一旦下课铃响，他就自动转换成了非学习模式。

这样看待时间并不算错，可未来的时代却需要每个人自我努力。大块的时间，人人都一样，你和你的同学，都要经历每节课 45 分钟，那么你和那些优秀的学生之间差距在哪里？可能就在课下的时间里，他们利用起了这些零碎时间，而你则用来玩耍。

但有的同学会说了，“我们班上学习好的那个同学，也没看他多认真，也是上课学习，下课就玩”，实际上这样的人都是对自己有提前规划的人，他们知道怎样去做能帮助自己有更长远的发展，他们展现在你面前的，是他们已经发展到当下阶段的表现，但你没注意到的或者说你不知道的，是他们提前安排或者已经做过的那些努力。除了那些极个别的天才，更多的人都要遵循这样的一个发展规律，你只有利用了足够的时间，付出了足够的努力，才可能看到期望的结果。

那些剩余时间、零碎时间是自由存在的，就看人们自己的选择。所以你是想要碌碌无为地过下去，还是想要认清自己为未来搏一把，想清楚之后，你就会对这样小段的时间有不一样的感觉。

如果你选择为自己拼搏，那么下面这些“小段时间”使用建议，你可以参考一下。

第一，罗列可用的剩余时间、零碎时间。

在时间的利用上，我们每个人都存在特殊性，别人认为是零碎的时间，对你来说可能就不是，所以你需要根据自己每天的时间安排来罗列属于自己的剩余时间、零碎时间。

比如，你上下学的路上、起床后和睡觉前的时间、午休的时间，以及运动后、劳动的时间，等等，这些时间都是因人而异的。如果你住得离学校远，那么你路上的时间会很长；如果你早上起得早，那么你起床后的可利用时间也会很长；如果你有运动的习惯，那么你放学后的某段时间可能就会被占用。

所以，具体属于你的零碎时间、剩余时间是怎样的，你要根据自己的实际情况来分析，你只需要把那些原本被你无聊地消耗过去的时间，充分地利用起来。

第二，有计划地使用剩余、零碎的时间。

剩余的时间、零碎的时间，时长都很短，你要好好考虑一下这样的时间都适合做什么。有人会把这些时间用得很“随意”，想起来做什么就做点什么，有时候背几个单词，有时候又看几页书，零零散散，不成系统，其实这对你的自我提升还是没什么益处。

哪怕是这种几分钟、十几分钟的时间，你也应该列一个计划，每天的这些小段时间，你要让它帮你产生积少成多的效果，而不是胡乱安排。

比如，你可以把每天早上起床之后的时间列为“记单词时间”，把每天睡前的时间列为“阅读的时间”，把运动之后的休息时间列为“听新闻时间”，等等。你要让这些零碎时间的安排能够连成线，就好像每天摘一个小果子，一段时间之后你就会有一筐小果子。

第三，不把整段时间的任务拖到小段时间来。

对剩余时间、零碎时间的有效利用，是帮助你积累更多知识技能的，而并不是你用来完成没有完成的任务的。如果你把原本应该在整段时间里做完的事情拖到了零散时间里去做，那么这段时间便不能被算成是零散时间了，它只是你整段时间的延长。

零散的时间是作积累、巩固用的，你可以在这段时间里回忆思考总结已经学过的、记住的东西，也可以在这段时间里去接纳新的东西。倒不如说，如果你总是不得不利用这些边边角角的时间来完成原本应该在课堂上就完成的作业、思考，那么你就应该去检查一下自己在学习方式方法上存在什么问题了。

想好就去做，拒绝“拖延症”

做一件事，“因为没想好而没做”与“想好了一直都没去做”的结果是不同的。没想好，意味着你可能正在思考，计划正在罗列的过程中，是一种正在进行时；但想好了却一直没有做，这就没有什么其他理由了，原因只有一个，你犯了拖延症。

有拖延症的人，对待时间的看法普遍是这样的：

如果时间还长得很，他会说“还早呢，不着急”，这时候他绝对不会主动去安排计划。

如果时间已经走了一半，他也会很乐观地说“还有一半时间，足够了”，这时他可能会安排一个自己认为还算过得去的计划，但开始的日期也并不确定。

如果时间眼看要到了，他还会说“不是还有两天呢吗”，他会再次调整计划，甚至不惜设定超出自己能力的计划内容，但他依旧没有什么干劲。

直到开始倒计时了，他开始慌张，会拿出吃奶的劲头，疯狂地赶工。如果最终赶工成功，他会认为“我还是可以做到的，下次也没问题”；如果赶工没有成功，他也有说辞“这次就算了，下次再说”。

总之，有拖延症的人，会把时间看得相当没有存在感。

可能有人会说了，我并不是没想好，我也想好了，可是有其他事情耽搁了，就没做成。这并不是一条万能的理由。如果你想好了立刻去做，那么其他事情有可能会因为轻重缓急而被你安排开，也许所有事都不会受到影响，即便有紧急的事情插进来了，你也能通过提前的计划安排来使用机动时间。

对于拖延症，没有什么理由是站得住脚的，因为这是源自我们内心的犯懒的决定，也就是说是你自己“决定”要偷懒、要拖延的，不要去抱怨什么客观原因。

在学习上，拖延症是一大忌讳，想好了要背10个单词，如果你只是想而不去做，那这10个单词永远都不能进到你的脑子里去。

作为学生，对待学习的事情虽然需要好好规划，但同样也需要雷厉风行，确定了想做什么、怎么做，就要立刻去做，不要与“拖延症”做朋友，一定要在它找上你之前，先让自己养成珍惜时间、勤快行动的好习惯。

想好就去做，前提是你要真的先想好。

所谓“想好”，就是你要知道自己想做什么，以及做的计划是什么，你得真的动脑筋想了，真的去为你即将要做的事情好好考虑了。不能说，“我已经在脑子里过了一遍”，这并不是想好了，这只是你脑子一热有这么一个想法而已。

真正的想好，是你从提出预想，再到罗列计划，然后列出种种问题，设想种种解决渠道，并预知一个结果，或者设定一个目标，这才算想得完全。“想好”，意思是你把一切的可能都考虑了进去，是你针对这一件事有了一个完整的计划，再接下来你才可以开始去做。

想好就去做，是按照想好的去做。

有的人想好之后的开始可能比较随意，想到什么就做什么，认为“这刚开始，没什么，以后再按照计划走就行了”；还有的人则相反，可能一开始还能按照计划去做，但做到一半忽然想起了别的点子，然后就彻底跑偏，而糟糕的是，这种跑偏还并不是什么新的计划，只是他的临时起意。不管哪一种，最终的结果可能都不能如你所料。

所以，最好给你想好的计划安排一个开始时间，这样就会督促你一旦想好就立刻开始，同时也督促你跟着你已经定好的计划去走，不会天马行空似的随意展开。

想好就去做，也是让你审时度势地做。

既然说要求“想好”就去做，那是不是就不能改动了？只要想好了有了开始，中间拖延就无所谓了吗？并不是这个意思。你要保证自己想好的大计划没有问题，也就是要遵循时间的发展，在每一个时间节点上去好好执行你的计划。但同时，你也要注意当下情况的改变。

比如，你计划读一本书，原本是每天读 15 页，但有一天你因为某些原因开始了另一个新的计划，这个计划占用了一部分时间使得你每天不能再读那么多书了，在你总的计划“读书”的前提不变的情况下，你可以把读书的计划改成“每天读 10 页”，然后再配合你的新计划合理安排适合读书的时间段。

也就是说，你想好之后去做的事情，并不是板上钉钉不能动的，你不仅是从一开始就不要拖延，中间也不要拖延，不能因为其他事情就搁浅某个计划，适当地调整计划内容，保证大方向不变，保证你还能继续沿着这计划进行下去才是正确的行为。

正确认识学习时间与成绩的曲线关系

学习时间的长短与学习成绩的高低成正比吗？这个答案并不是绝对的。有时候你经过严谨的学习，花费足够的时间，的确能获得好成绩；但有时候你觉得自己已经花费了那么久的时间，成绩却并不能如你所愿。

在某些情况下，足够的时长的确是学习必需的，课前的预习，课上的学习，课下的复习与练习，这整个过程都需要足够的时间投入，这样你对于所学的东西才掌握得越牢固。但说到底，如何更高效地利用起这一段时间，才是你最需要注意的事情。

所以，学习时间与成绩，并不是简单的正比关系。

心理学上有一个神奇的“倒 U 形曲线”，即随着一个因素水平的增加，另一个因素也会随之增加，可是增加的速度却呈现逐渐减慢的趋势，到达一定程度时会升到一个顶峰，之后反而开始下降。这个曲线表现用成语中的“过犹不及”来解释很贴切。

学习时间的长短与学习成绩的高低，便呈现这么一个很典型的“过犹不及”的现象，一开始的确是学习时间越长越能见效果，但到了一定程度之后，如果你还在继续磨时长，你就会变得疲劳，兴趣也逐渐走低，注意力不再集中，学习的效果大打折扣，最终成绩不升反降。

所以，如果你想要提升自己的成绩，只单纯地增加时间是不够的，你应该更有效地去利用时间。你有效的学习时间越长，你的成绩就会越好。学习时长的前面一定要有“有效的”这个定语，只有这样，时长才会发挥出提升成绩的作用。

那么，应该怎么实现有效学习呢？

首要的是提升学习的兴趣，并找到合适的学习内容。

兴趣是你能保证“足够学习时长”的基础，有人可能说了，我就是不喜欢数学，我就是不喜欢看书，就是没有兴趣……其实凡事都没那么绝对。

兴趣不是说你必须要对某样事物喜欢得无法自拔，你可以去寻找其中某个你感兴趣的点。比如说数学，你可以去感受它对你生活的影响，去发现数字之间神奇的关系，去发现数学与其他科目间有意思的联系，你总能找到某个点让你觉得有意思，然后顺着这个点你就可以展开对数学的学习。

从另一个角度来说，你目前所学到内容都是基础，再枯燥无味的内容也是不得不学的，而且知识内容是已经固定的，它不会因为你不喜欢它就自动改变，那么能改变的就只有你自己，“山不就我，我便就山”，培养自己对学习的兴趣，说到底受益的是你自己。

建立起兴趣之后，你还要找到适合自己的学的内容，你要明白自己的能力水平是怎样的，太难的肯定会让你觉得攻不下来，太简单的时间久了也会觉得无聊，你应该去寻找对你来说有一定难度，但又不是完全无解的水平的内容，让自己能够经常看到努力之后的成功，这无疑也是激发你学习兴趣的好选择。

其次就是要选择适合自己的学习方法。

时长够了，但学习效果却不大，这还与学习方法不正确有紧密的关联。比如，对于数学的公式定理，你如果只是简单地背诵、记住，并只记住了例题的做法，这并不代表你学会了，只有通过不断的练习，通过做题，你才能体会到公式定理的应用，只有举一反三地去体会，才能彻底明白什么情况下可以使用这样的公式定理。所以，你要根据所学内容的特点找到正确的学习方法。

另外，有时候他人的学习方法，我们也可以参考借鉴，然而在这方面最忌讳完全照搬。他人的学习方法是适合他人学习特点的，你有自己独特的特点。如果他人的学习方法对你适用，你可以根据自己的特点来改良，如果完全不适用，你还是不要浪费时间的好。

最后则是要实现正确的劳逸结合。

可能有人认为，既然学习时长与学习成绩并不是完全的正比关系，那我也就不需要那么久的学习了，学一会儿玩一会儿也没问题。但你要意识到，现在的你自控能力并不强，一旦你觉得自己“玩一会儿”也没问题，那你可能会完全进入玩的世界，再难以回到学的世界了。

学习上的确是讲究劳逸结合的，但却并不是简单的“玩一会儿学一会儿”，而是要有更好的安排。这就又涉及前面提到的规划问题了，你应该给自己安排合理的作息，保证充足的睡眠与休息时间，保证足够的学习时间，在确定自己可以充分利用这段时间之后，才可以安排合适的玩耍、锻炼、娱乐的时间。

劳逸结合中的“逸”，是起到一个放松精神、缓解压力的作用的，是为了让你能够得到足够的休息之后，还能再次精神饱满地投入学习中去。所以，你也要正确认识劳逸结合，合理安排时间。

第六章

唤醒沉睡的注意力，精神百倍去学习

● 要做到精神百倍地去学习，感觉也不是那么容易啊！

可是如果你没有足够的精神，那学习也是没什么效果的哦！

● 我也明白这个道理，但总觉得学习上要付出足够的精神，我好像做不到。

这个情况，其实可以被归类于你注意力方面出了问题。要保持良好的精神劲头去学习，你需得有足够的注意力。假如你总是东想西想，学习时长不够，学习劲头不足，那你的学习就只是浮于表面，学不会、学不精，成绩当然也就不好，自己也会对现在的状态感觉烦躁。所以提升精力的最重要一点，就是需要你唤醒自己沉睡的注意力，让你重新恢复饱满的热情，去应对各种各样的学习。

你学习的注意力集中吗？

学习这件事，要说有什么特别需要注意的点，那就是专注。

《荀子·劝学》中说：“学也者，固学一之也。”

《淮南子·主术训》中也说：“心不专一，不能专诚。”

唐太宗也尝谓朝臣曰：“凡诸艺业，未有学而不得者也，病在心力懈怠，不能专精耳。”

北宋理学家杨时则在《河南程氏粹言·论学篇》中指出：“君子之学贵一，一则明，明则有功。”

从古人对学习的这些描述中，可见“专注”是一个被反复提及的内容，自古以来，人们就明了，只有专注，做到注意力集中，在学习上才可能有所成就。

转而看看你自己，你学习时的注意力足够集中吗？

上课的时候，你是始终跟着老师的思路走，听说读写思综合行动，还是听几句就开始想别的事情，脑子里开始天马行空？

写作业的时候，你是坚持在一段时间里不动，认真完成所有作业，还是写不了几个字就玩玩橡皮、玩玩铅笔，或吃东西、喝水、上厕所呢？

如果你的表现都是前一种，那么可以说你是一个能够集中注意力的孩子，你的学习质量是有一定的保证的；但如果你是后一种表现，注意力不够集中的你，将会错失老师讲课的重点，也会无端浪费宝贵的时间，你的学习效率不会高，你的成绩也会不尽如人意。

有人会说了，我现在还小呢，不是说年龄越小注意力集中的时间越短吗？的确，心理学上有这样的研究，在一般的情况下，大多数孩子的注意力集中时间是随着年龄增长而改变的，比如：

1 岁以下的孩子，专注力一般不会超过 15 秒；

2～3 岁的孩子，能对感兴趣的事专注 3～5 分钟；

4 岁的孩子，大概可以专注 10 分钟；

5～6 岁的孩子，大概可以专注 15 分钟；

7～10 岁的孩子，大概能专注 20 分钟；

10～12 岁，大概可以专注 25 分钟；

12 岁以上的孩子，专注时间可达 30 分钟。

当然，这也是一个大概的时间划分，主要是给大家一个参考。虽然注意力的确是随着年龄增长而增长的，可是这并不能成为你替自己不能专注学习开脱的借口。这个注意力的集中时间，前提是你真的专注了二三十分钟，也就是说，哪怕你的年龄限制只能让你集中 20 分钟的时间，但你也要保证能在这 20 分钟里做到一分钟都不浪费。而不是说你从一开始就胡思乱想了 15 分钟，最后只集中了 5 分钟就说自己不能专注那么久。

注意力是否集中，除了这种生理因素的影响，最主要的其实还是你自己的态度。所以，如果你已经出现了注意力不够集中的情况，那就要多从自己身上找原因。

看看自己是不是没有对学习提起足够的重视。

专注来源于关注，对待学习也是如此。你只有重视起自己要做的事情，也就是重视起学习，你才可能愿意为它集中注意力。如果你过去对学习并没有足够的重视，只是觉得自己到了上学年龄需要去学校了，认为上学是为了爸爸妈妈，为了老师，那么你对学习当然专注不起来。

要实现在学习上的专注，你首先就要把学习这件事看成是自己理应要做的一件事，要把它看成是自己的责任，知道好好学习对你自己意味着什么。当你发现了学习对你的巨大影响和作用时，你才会更慎重地去对待它，而慎重势必会带来专注。

看看自己是不是被其他事物扰乱了心神。

我们今天的确生活在一个多姿多彩的世界中，你的周围，是不是有很多可以转移你注意力的东西？是不是你觉得有很多会夺走你注意力的事情？如果你没有暂时清理干净自己的学习空间，依你现在的自控能力，你恐怕没法做到对它们视而不见。

所以，如果你的学习环境中有玩具、课外书，有小机器人、平板电脑、手机，那你就要赶紧和爸爸妈妈商量好，先把它们请出去；如果你意识到自己还想要做很多其他的事情，那就赶紧为自己的生活做好计划，保证不会让其他事情的时间占用你的学习时间。

看看自己有没有养成懒散的坏习惯。

培养专注的好习惯是需要时间的，那么在此之前，你应该先看看自己是不是已经有了懒散的习惯，这个坏习惯可是专注的一大对头。越是懒散，你越不容易集中精力，你会总想拖延，总想要放弃，做事会更容易出现半途而废、虎头蛇尾的情况。

所以，在培养专注之前，你要先改正懒散的毛病，让自己变得勤快起来，让自己有想要好好学习、好好做事的欲望，让自己变得精神起来，然后才更有心力去培养专注力。

看看自己是不是需要在注意力方面多加练习。

其实注意力也是需要训练的。如果你通过自查，发现前面几点都没有问题，那么你需要在注意力方面多加练习，可以找一些合适的练习方法（后面会专门讲这个内容），或者向你的同龄人请教一下，或者询问一下爸爸妈妈，寻找适合自己的训练方法，让自己在集中注意力方面每天都有进步。

从所学课程入手，找准应对走神的关键点

你觉得你只不过是“有时候爱走神”而已，可是走神给你带来的种种不便却总是在不经意间让你“倒霉”。

生活中走神，会让你坐过站、错过他人口中的重要信息、错过时间，而如果是学习上的走神，那你的成绩就会变得飘忽不定。因为凡是注意力不集中的人，上课都做不到认真听讲，课下也做不到专心作业，这两个“做不到”注定你将学不到课程的精髓，同时也预示你肯定会走向“成绩不好”这个结局。

为了解决你走神的问题，与其从其他事情入手，倒不如从你所学的课程入手，因为学习是一件相对来说比较系统集中的事情，也许从那些课程中反而可以帮你找准走神关键点。如果能解决学习上不能专注的问题，你的注意力也会因此而得到改善，进而使得你在其他方面也逐渐摆脱走神的毛病。

从课程入手，你可能需要考虑这样一些问题：

第一，什么时候容易走神？

一般来说，课程刚开始，不会有人那么快就进入“走神境界”，总要有一个“契机”，有一个导致你走神的“开关”存在。

比如，遇到了没听明白的地方，因为不明白而没法衔接前后的内容，多想几分钟的时候，老师已经在讲下面的内容了，这时就很容易走神，这是很常见的一种情形。

还比如，老师讲到了让你感觉非常枯燥的内容，虽然不难，但你就是听不进去，不自觉地就走神了；而与之相反的，老师讲到了让你特别感兴趣的内容，你也很容易走神，因为你真是太感兴趣了，忍不住就多看、多想了起来，还可能忍不住去翻阅其他内容，通过更详细的了解来满足你的兴趣。

当你能够意识到自己在什么时候走神时，也就找到了控制走神的“开关”，如果你可以自如关闭走神的通道，上课走神的问题其实也就更容易解决了。

第二，走神时想的是什么？

走神其实是一个包括范围很广的词，因为走神时想的内容是包罗万象的，虽然说在课程进行中走神是不好的行为，但却并不能说所有走神时所思考的内容都是不可取的，我们也要分类对待。

如果你走神的内容是类似于“昨天晚上看的动画片是什么内容”“今天××同学带了什么玩具”“妈妈昨天说今天要做什么好吃的”这样的，那么你这个走神就真的需要好好解决一下了，因为你的心思已经完全不在课堂上了。

如果你走神的内容是类似于“我上节课有好多地方没听懂怎么办”“我刚才没记住老师说的重点怎么办”“我觉得我还是没学会”这样的，你就是因为焦虑自己的学习而走神，那么你所关注的方向就应该是在课程学习内容上下功夫。

如果你走神的内容是类似于“老师批评我，我觉得很难受”“刚公布的考试成绩让我觉得很不舒服”“××同学怎么能那样冤枉我呢”这样的，那就意味着你对自己的情绪控制有问题，你需要从抓住当下关注重点的角度去考虑。

如果你走神的内容是类似于“这节课怎么还没完”“这个老师真讨厌”“如果永远不上这门课就好了”这样的，那就意味着你对某门课、某个老师产生了错误的认知，这就需要你重新认识学习对于你自身的意义。

总之，不同的走神内容其实也正应对着不同的解决办法，好好分析一下你走神时思考的东西，也许会对解决你走神的问题更有帮助。

第三，对自己有什么期待？

习惯于走神的人，对自己多半都是一种放纵的状态，太过纵容自我才会让走神变成习惯。而因为经常走神课程进度早就跟不上，于是再坐到课堂上时，走神就成了下意识的行为，这无疑是一个恶性循环。

如果你也已经进入这个恶性循环，那你不妨抽出一点时间来思考一下，你到底期望自己有一个怎样的未来，想想看自己要负的责任，自己想要做的事情，想想看认真学习对于自己的影响，重新定义自己的追求与目标。

当你能够认真思考的时候，也许你就会对一直以来的走神按下暂停键，虽然不会马上就改掉习惯，但至少你能引起重视，再结合前面的思考，也许你就能找到彻底摆脱走神的方法。

你应该记住，只有你自己才能改变你自己，当你对自己抱有极大的期待，有想要将自我变得更好的心思时，你才会更努力地为了自己的未来而努力。

重点解决注意力不集中背后的问题

注意力不集中，这是一个可以从表面看得到的行为，表面行为都可以在很短时间得到纠正，甚至能在当时的一瞬间就有所改观。但是这种立刻改观是带有刻意性的，只要大脑一“操控”，你就可以很容易地做出表面功夫了。

可注意力不集中是表面功夫吗？并不是的！

每一次走神，都有原因；每一个习惯性注意力不集中的人，其背后都存在问题。注意力不集中只是被某些问题所引导而做出来的表象，只解决表象是“治标”，我们最需要的是解决表象背后的问题，从根源上去解决走神，这才是“治本”。

简单来讲，就是你要重点解决注意力不集中背后的问题。导致注意力不集中的根本原因，一方面是生理因素，一方面则是心理因素。我们可以从这两方面来入手进行分析。

第一，生理因素。

正处于成长发育之中的我们，身体会时时发生变化，疾病、生理改变，哪怕是简单的外貌变化，可能都会引发我们的关注点发生偏移。

疾病。

疾病的情况分为两种：一种是普通的身体疾病，比如感冒、炎症、轻微伤口；另一种则是比较严重的，比如脑组织损害、脑内神经递质代谢异常、听力或视觉障碍等可以直接导致注意力出问题的疾病。

感冒等普通的疾病，一般来说不会给身体带来特别严重的影响，但却会影响人的精力。不论是咳嗽、鼻塞、打喷嚏，还是若隐若现的疼痛，都会让人不能完全集中精力去学习。而且养病也非常损耗心力，你能保证让自己清醒就很不容易了，何谈再认真去学习。

所以，如果身体患了疾病，就不必要非得在这个时候去学习了，并不差这一点的时间。可以暂时休养，直到身体痊愈，没有症状疼痛的困扰，再去专心致志地学习比较好。

如果是有比较严重的疾病，则要及时和爸爸妈妈说，否则你可能会浪费大量的时间，既拖延病情，也影响学习。

有一个女孩，上小学三年级时渐渐看不清黑板上的字了，因为看不清老师写的什么，她便总是要集中精力去猜，有时候连老师留在黑板上的作业都没法记录。这种情况导致她没法专心去听老师的讲课，她一到上课就不停地眯眼、揉眼，期待奇迹发生能让她看清楚。

结果一段时间之后，她的成绩大幅度下降。

后来，老师不得不联系了她的妈妈，妈妈反复追问下，才得知她的视力出了问题。妈妈带她去医院，配了合适度数的眼镜，她再也没有了视力影响的烦恼，注意力也集中了。

这个例子就是给你提一个醒，如果身体出了任何问题，都要及时告诉爸爸妈妈，真实地反馈自己的感受，尽早去医院解决身体的问题，免除身体带来的后顾之忧。

生理改变。

随着成长，我们会经历不同的生理改变，身体上因为逐渐接近成熟而发生的各种变化可能就会给你带来各种烦恼。因为对生理知识的懵懂了解，女孩对胸部发育、身材改变以及每月的生理期产生苦恼；男孩则也开始针对身高、体重、外貌、嗓音的变化产生各种想法。生理改变不只是带来身体变化，它最为影响的可能就是你的内心。

所以这个时候，你不妨和爸爸妈妈聊一聊，从他们那里获得更为科学的生理知识与卫生保健知识，正确应对生理改变，以更自信的姿态来面对自己的成长。当你不再纠结自己的身体为什么会发生这样那样的改变时，你自然也会放下对这方面的过度关注，从而把注意力投入到更值得投入的地方，也就是学习上去。

第二，心理因素

心理状态是否稳定，也是左右注意力是否集中的一个关键因素。如果你总是被情绪所左右，心里充满压力，因为各种事而内心不够稳定，那么你的注意力多半都不会很好，学习的时候，你会在不知不觉中就走神，然后去关注扰乱你心神的那些事。

心理如果出了问题，没有足够的时间和更准确的引导，恐怕很难从糟糕的心理状态中摆脱出来。所以，你最好也认真关注一下自己的心理状态，看看自己眼下到底是为什么事情所困扰，对哪些事情感觉到内心有压力，因为什么事情闹了情绪，尽早解决这些心理问题，才能做到心无旁骛地去学习。

另外，家庭环境也是导致心理问题的一大诱因，所以你也要关心一下自己的家庭。成年人之间的问题，需要成年人自己去解决，如果环境或情况允许，你也可以表达自己的担忧，表达家庭环境这时对你带来的影响，必要时候你也可以向家庭之外的人求助。

总之，如果你的内心始终不平静，那么你的注意力永远不可能集中，所以不要压抑自己，要勇敢面对内心，用最合适的方法来扫除内心的障碍，让你的整个身心都恢复平静，以更好地应对学习。

扫清障碍，避免学习以外的事干扰自己

注意力不够集中，你认为是什么在影响你呢？其实严格说来，导致你的注意力不够集中的原因，大部分都来自学习以外。如果你能扫清这种种障碍，使得学习之外的事情不再对你产生干扰，那么你再学习的时候，多半也就能集中注意力了。

接下来就来看看，到底都有哪些事可以对你的学习造成困扰，以及你应该怎么去应对。

第一，兴趣培养。

现在的学习早就不像过去那么单一了，除了课堂学习，兴趣培养也在其列。对于学生来讲，课堂学习应该是主业，其他内容的学习是副业。但如果你发现，你投入在其他兴趣培养上的时间要远超过课堂学习，那就意味着你的关注点发生了偏移，是时候要对兴趣发展按一下暂停键了。

这时你需要重新考虑你对学习的看法，扭转“学习不重要”的态度，先要做好自己的主业，然后才能去发展副业。也可以和爸爸妈妈一起商量，更合理地安排你的学习时间与兴趣培养时间，该是认真学习的时候，就不要有其他兴趣内容来打扰，该是兴趣培养发展的时候，就认认真真去做。

第二，能力发展。

现在的学校生活比之以前显得更为丰富多彩，能够在人前展现自己的能力，比如，主持能力、表演能力、竞赛能力、公关能力等，会让很多学生感觉更为自信，而为了实现良好的表现，学生们会加入各种社团，也会很积极地去参与学校乃至于社会组织的各项活动。

但是有人因为参与了过多的“能力展示”，反而耽误了自己的学习。比如，有的学生上课不认真听讲，利用课堂时间筹备演讲稿；有的学生不得不请假缺席课堂，只为了排练需要参赛的节目；还有的学生只一门心思顾着表现自己，将学习完全抛在了脑后；等等。

能力发展的确是学生时代需要注意的一部分内容，可同样的，只有在完成学业的基础上，你才有发展的可能，否则知识学不精、成绩摇摆不定，相信没有老师愿意放任你就这样去展现能力。而最终你除了得到一点他人的赞赏，你也就只能面对不断补习的局面了。

能力发展是不能超越学习的存在，在该学习的时候，就认真负责地去学知识，花时间去做练习，当这一切告一段落，你再给自己安排合适的时间去发展能力。

第三，休闲娱乐。

如果说一样最能影响学习的内容，休闲娱乐多半都会被排在前头，或者说得再简单直白一些，玩，对你的影响恐怕要占很重的分量。

没有人不喜欢玩，以至于有的人把他大部分时间都安排成了玩，课下玩，课上也玩，学习反倒成了穿插其中的事。而且被玩转移了注意力的孩子，更容易把学习看成是“为了老师”“为了爸爸妈妈”而做的事，他会在老师和爸爸妈妈面前装出样子来，可转过头还是没有拿学习当回事。

前面我们已经知道了学习要做到劳逸结合，那么你就不要再把玩和学混为一谈，按照前面提到的合理分配时间的方法，合理区分玩与学的时间，保证学得完整、玩得尽兴。

第四，人际关系。

兴趣、能力、玩耍，这些都是涉及个人的事情，如果对学习产生了影响，这就意味着我们自己对学习方面的时间安排不够合理，导致学习与学习以外的事情没有明确的分界线。但如果是与他人之间的关系影响学习了，这就是我们个人心理成长方面出了问题。

有的人会把与同学之间闹的情绪、出的问题带进课堂，表面看似在听讲，但实际上老师的话一句都没听进去，满脑子都是和同学之间的矛盾。

在当下的年纪，以及自己的经历经验，决定了我们还没有实现对情绪的完美控制，以及对关系的完美处理，所以会出现不知道该怎么办、烦躁等表现很正常。但是不知道怎么处理并不是任由它占据所有时间的理由，当你不知道怎么办的时候，你应该明确一点，那就是这些事都与学习无关，不能因为考虑这些事，结果反倒影响了学习。

你应该学会暂时放下，专注心思去听课、解决课上的难题。而且，如果你专注于学习，你的头脑也会随着你进入境界慢慢平静下来，没准儿之前觉得了不得的事，后来反倒觉得没什么了，这就是知识与学习的力量。

说到人际关系，除了你与同学之间的关系，还有一种关系如果处不好也可能会影响到你的学习，这就是师生关系。

有的人因为不喜欢老师，就不愿意好好学习；有的人因为受了老师的批评，就连带着上课都故意不好好听讲。师生关系太过紧张，的确会影响到你的情绪，影响到继续的学习。

其实如果因为老师的关系导致你不能专注学习，这就是你自己的问题了。老师的责任是什么？就是“传道、授业、解惑”，是要引导你正确认识知识与学习，那么你从老师那里要获得的也正是这些知识、能力。你因为一些其他原因而不喜欢老师，进而就放弃自己的学习，这最终受损的还是你自己的利益，所以真是划不来。

改善自己的行为方式，以保持专注

一提到注意力不集中，很多人会向外找原因，认为是外界的种种事物影响才使得自己不自觉地转移了注意力。其实你大部分时间下的注意力不集中，都不过是自己内心产生的一种想要去探求外界的欲望。如果仅仅依靠意志力，先不说成年人怎样，仅就你当下的年纪，以及对自己的自我掌控力，恐怕做不到完全控制自我不走神。

但是从另一个角度来说，注意力的好坏，又的确是源自内心状态，当你可以约束自我时，你自然也就不会那么容易走神了。可当下能力不足又该怎么办呢？那么你就不妨试试改善自己的行为方式，创造一个与之前不同的、有助于专注的环境，然后让自己有所改变。

举一个例子，周末的时候，每一门课有作业需要做，简单估计一下，要把几门课的作业都做完，怎么也要两个小时。那么问题来了，你有没有可能实现两个小时不动，认真专注地把所有作业都做完呢？这并不是所有人都能做到的。

也许你觉得“我得集中精力先做完作业”，你可能就会要求自己一直坐在那里，一门作业写完再继续另一门。但结果可能会是你刚写完一门作业，就已经开始走神了，因为你的大脑也会疲劳，保持专注也是会耗费精力的。可是你又要求自己“先做完作业”，那你接下来就会开始勉强自己，但你的大脑却并不受你的控制，因为疲劳它会开始懈怠，你思考的时候可能就会遇到不到位、想不起来、不知道怎么办的情况。一到这种情况，你就会不自觉地开始看别的、想别的、做别的，你以为自己可以坚持下来，但最终结果却与你想的大相径庭。

如果你经历过一次两次这样的事，就应该意识到，也许并不是你不能坚持，并不是你的注意力无法实现集中，而是你的行为模式并不适合当下的学习方式，适当改变一下，也许反而会有好的效果。

所以，把你的作业拆分开，把这一天或者一上午，分割成多个阶段，把作业分散到不同的阶段中去。让你在可以集中注意力的时间段内去做作业，这样你的大脑不会累，你也自然能够专注起来。

比如，上午 8：00 到 9：30，你专注写需要大量动脑的数学作业，然后安排一些其他的事情，锻炼、外面跑着玩一会儿、帮妈妈做点事；待到 10：00 到 11：30，你再安排写需要细致思考的语文作业，然后帮着妈妈准备中午饭，吃饭、睡午觉；下午 14：00 到 15：30，你再安排写英语作业，之后再运动或休息一会儿；如果还有其他作业，那就 16：00 再开始。

你每一次安排的作业时间，都能和你可以保持专注的时间相吻合，保证了你每次都能专心致志地去做一件事。而且，因为有合理的劳逸结合穿插，你的身心都能得到放松。如此一来，整个周末的写作业计划就可以顺利完成了。

再举一个例子，还是写作业的问题。

有一位同学每次写作业时，都要把所有科目的作业先都翻出来放在桌子上，然后一本一本地接力写下去。但是他经常写着这一本作业，眼睛一不小心就看到了另一本，手不自觉地就伸过去拿过来翻翻，发现自己能做的题，接着顺手就写了。

不仅是作业，他的桌子上还有其他书籍，他的眼睛不小心瞟过去看一眼，注意力立刻就被带走了，就这样他总是要频繁拉回自己的注意力，要不了多久，他就感觉很疲劳，也觉得很混乱。

后来，这位同学请教了老师。老师提醒他，先清理干净桌面，把上面所有的额外书籍都清走；然后，每次只从书包里掏出一科作业本，做完之后收回书包的时候，再去拿下一本。也就是说，他每写一科作业，他的桌子上便只有这一门作业的内容，外界环境没有了其他可供他转移注意力的对象，他的注意力也就不再四处乱跑，而是逐渐规矩地被约束在一门课程里了。

其实类似的情况有很多，如果你在学习中遇到了感觉自己没法集中注意力的时候，不妨改换一下自己的行为方式，把原先混乱复杂的状态，改成更简单直接的专一状态，手里做的事情越少、面对的内容越单一，越有助于你集中注意力。

重视对注意力的训练，让你越学越有劲

注意力不足是一件让人很头疼的事，不仅是给我们自己带来不便，也会让老师、爸爸妈妈很操心。而且，注意力是一种很“个人”的事物，也就是说，他人没法给你的注意力以更实质性的提升，只有你自己有想要提升的意愿，做了可提升的事情，你的注意力才会有所提升。

不过不用紧张，要提升你的注意力，除了你对自己有信心，并提升自我控制能力之外，你也可以通过一些训练对注意力进行提升。不要小瞧这些训练，花费时间在这样的训练上是非常有必要的。经历过训练，你的高度注意力将带给你更为强劲的学习劲头。

以下为你提供几种训练方法。

第一，舒尔特方格训练法。

舒尔特方格是全世界范围内最简单、最有效，也是最科学的注意力训练方法。它的测试方法就是先在一张方形卡片上画出一定数量的格子，通常是 1 cm × 1 cm 的 25 格（横向 5 个，纵向 5 个），在格子中任意填写上阿拉伯数字，被测者要用手指按照数字顺序指出数字的位置，同时诵读出声，测试者记录所用时间。数完所有数字所用时间越短，注意力水平越高。在寻找目标数字时，需要高度集中注意力，如果可以将这短暂的高强度的集中精力过程进行反复的练习，就将不断加固提高大脑的集中注意力功能。经过这样的不断训练，你的注意力水平会越来越高。

高年级的孩子或者成年人可以从 25 格开始练起，如果有兴趣的话还可以逐渐提升到 36 格、49 格、64 格等更高的难度，或者按照数字反方向顺序来练习。当然，低年级的孩子可以从 9 格开始练习，再升到 16 格。

以 25 格为例，测试的成绩我们可以参考以下标准：

年龄段	优秀	良好	中等	及格
5～6 岁	35 秒内	36～45 秒	46～52 秒	58 秒内
7～11 岁	28 秒内	29～34 秒	35～40 秒	45 秒内
12～17 岁	15 秒内	16～19 秒	20～25 秒	30 秒内
18 岁以上	13 秒内	14～16 秒	17～19 秒	20 秒内

第二，听写训练法。

听写是一种需要集中注意力才能进行下去的行为，因为听写需要调动听力、思考、动手能力，使得人必须高度集中才能保证正确率。可以借助爸爸妈妈或者同学的帮助，利用听写来对自己的注意力进行训练。

可以选择听写生字、英语单词，或者听写短句，每一个阅读两到三遍，然后就立刻开始写，如果遇到没跟上的地方，不要中断，继续向下进行。可以尝试用当天刚学到的新内容来进行训练，这也会更促进你集中精力。

在听写前订立一个合适的进阶计划，比如第一个星期允许错三处，第二个星期允许错一处，第三个星期就一处都不能错了。在进行练习过程中，你要摆正态度，因为你原本是该自己进行训练的，但你占用了他人的时间，所以你理应用更好的表现来回报他人耗费在你身上的精力，这也是对自己、对他人负责的一种表现。

第三，游戏训练法。

也许你也有感觉，游戏的时候，你的注意力似乎更容易进入集中的状态，那么我们就不妨利用起游戏来，让自己在一种愉悦的氛围里提升注意力。

常见的可被利用来培养注意力的游戏包括，拼图、多米诺骨牌、走迷宫、复述性游戏、听声辨物等。游戏既可以和爸爸妈妈做，也可以和朋友们一起，当然有一些游戏你自己做能更有挑战性。

在游戏进行过程中，你要坐得住，就拿相对比较更需要专注的多米诺骨牌来说，如果你坐不住，轻轻一碰可能就会功亏一篑。你可以给自己规定一个完成项目，比如一开始，你让自己先用 20 块骨牌搭建一个圆圈；待你可以专注完成之后，再增加难度，使用 30 块骨牌；之后再增加难度，使用 30 块骨牌搭建另一种更复杂的形状；由此类推。

既然是游戏，你就要轻松去应对，带着更为正常的心态来让自己的注意力在不知不觉中得到提升。

第四，智力题训练法。

做题的过程其实也是一个提升注意力的过程，选择一些更有意思的，需要通过智慧灵活思考来解决的问题，通过不断地看题或听题，然后调动思维，以实现对注意力的集中。

比如，脑筋急转弯、趣味数学题等，选择一定的难度，不要太难，否则你会因为够不到这个高度而觉得没有意思，也不要太简单，否则你会因为无聊而放弃。寻找适合你当下智力水平的，或者稍高一些的内容，可以和家人或朋友之间来个智力竞赛，集中注意力思考出来的答案，也更容易产生成就感。

类似的训练方法还有很多，你完全可以根据自己的喜好、特点去选择、发现或创造出更适合自己的训练方法。不管怎么说，你要相信注意力并不是一成不变的，只要你有想要提升的心思，选对合适的方法，假以时日，认真努力，你的注意力就会有很大的改观。

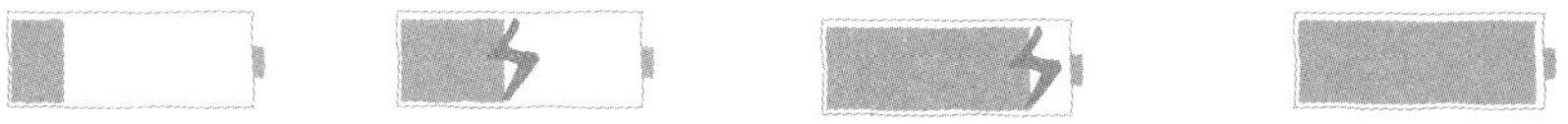

第七章

提升记忆力，练就你的最强大脑

● 记忆真是个神奇的东西！记忆力强的人真是处处都方便啊！

没错，良好的记忆力可以帮助你拥有最强大脑。

● 唉，如果我也能有那么好的记忆力就好了，可惜我没有，人家记忆力好的都是“过目不忘”，我简直就是典型的“过目就忘”。

其实不需要那么悲观，记忆力也是可以被训练的，当你掌握了合适的记忆方法，更合理地去“操控”自己的大脑，再加上自己的努力，经过加强训练，你也会发现自己的记忆力比之前将有很大的改观。

掌握属于自己年龄段的记忆方法

心理学家杨治良在《记忆心理学》中指出，“有了记忆，人才能有间接知识，没有记忆，学习也就失去了意义”，所以如果你想要改善学习，想要让自己的学习效率得到飞升，改善自己的记忆力就是一个重要手段。

但是你应该从哪一部分入手去改善呢？是直接开启对记忆力的训练吗？并不是的，还为时尚早。你首先要做的，是掌握属于自己年龄段的记忆方法。之所以要先做这一件事，是因为不同年龄段的孩子，记忆的表现方式不同，训练的途径也不同，如果在你所处的年龄段里，却使用了成年人适用的记忆方法，显然你并不能从中得到提升，反而还会因为训练不得当而出现其他问题。所以，先掌握属于自己年龄段的记忆方法，正体现出一个我们都熟知的道理，“最适合的才是最好的”。

你需要先了解一下，不同年龄段孩子的记忆特点。

学前阶段，幼儿的记忆以无意记忆和机械记忆为主，他更多地会记住能吸引自己兴趣的事物，一整件事里他可能只记得一些令他感兴趣的细节，或者某个小片段。如果想让这个阶段的幼儿记住什么东西，只能通过不断地重复来加深他的印象。

小学阶段，儿童的记忆会逐渐过渡到有意记忆与理解记忆，当有适当的线索或提示时，他就可以记住大量的信息。而且，此时的儿童已经不再只是记住细节或片段了，而是可以记住信息的核心内容，他可以明确讲出自己记住了什么事，不过这时的他依然没法记住更为精确的细节。

青少年阶段，记忆能力可以说达到了巅峰，此时青少年的观察力、抽象思维能力、想象力都会有更进一步的发展，对很多事物的记忆不仅可以做到原样照搬，并能发现其中的细节，而且在调动这些记忆时，他也有更为独特、快速的方法，所以这个时期也是一个人学习的最佳时期。

从这阶段发展你应该也注意到了，随着年龄增长，你所掌握的记忆方法也会不断增多。

从心理学角度来讲，帮助记忆的手段被称为记忆策略，对于孩子来说，会经常使用以下四种常见记忆策略。

第一，外部记忆辅助手段，可以通过个人以外的事物来促进记忆。五六岁的孩子就已经可以使用这一策略了，比如定个闹钟作提醒，把要带的东西放在门口。

第二，复述，通过有意识的重复来实现记忆。6 岁的孩子已经能学会用不断重复来记住需要他记住的内容，7 岁时他就可以自己主动使用这种方法了。

第三，组织，在头脑中进行信息分类，根据范畴进行分组，来使记忆变得更容易。比如把一个单元的知识点通过列提纲、画图表、做表格等方式罗列出来以方便预习或复习。大多数的孩子在 10 岁之后才会使用组织的方式来进行记忆，当然也不排除有些孩子的确在很小的时候就已经有较强的逻辑思维能力。

第四，精细加工，使用其他事物将需要记忆的内容联系起来，比如通过想象一幅画面来记住要买的东西。年龄越大的孩子越会自发地使用精细加工的方式去记忆，而年纪小的孩子则可以通过他人构建好的精细加工进行记忆。

可见年龄越小，孩子可掌握的记忆方法越少，可以通过外部帮助或复述来加深记忆。但进入小学中高年级后，在成年人的指导下，孩子就可以逐渐学会并使用更多、更复杂的记忆方法，而且随着他可以越来越熟练地操控这些方法，他将能主动自发地进行合理的选择，并逐渐形成更加个性的记忆方法。

多挖掘记忆点，拓展记忆深度

你的记忆一定是有一些特点的，会有很多可以提醒你“某段记忆是什么”的节点存在，我们可以把这些节点看成是“记忆点”，也就是说，如果你的记忆点越多、越有特点，你记住的东西就越牢固，同时你记住的内容也会越丰富。

所以从这个角度来看，如果你能挖掘出更多的记忆点，就可以帮助你的大脑加工需要记忆的信息，从而拓展你的记忆深度，最终起到提升记忆能力的作用。

下面就举几个例子。

记忆点一：理解在先。

对于大脑而言，理解了的东西会更容易被记住，而且也有研究显示，思考可以对信息进行精细的加工，从而更好地进行记忆。所以对于需要记忆的地方，你可以先进行思考，在理解的基础上再进行记忆。

有一位老师遇到这样一位学生：她总是记不住知识点，别人一次就能记住，她需要记忆好几次，就算记住了，也能很快忘记，成绩始终都不理想。

老师做了个实验，让这位学生去记忆一首字数较多的古诗，一般学生 10 分钟左右就都记住了，可是她却花了半个小时才只记了个大概。但在这位学生所偏好的音乐方面，老师放一首歌，她只听了一遍就记住了。

老师意识到，并不是她的记忆力差，而是她没有用对方法。

于是，老师便先带着这位学生仔细分析了一遍刚才那首古诗的含义与意境，引导她自己理解体验，再让她背诵的时候，她很快就记住了，即便几天过后她也没有忘记。

这位老师使用的就是“先理解，再记忆”的记忆方法。你不妨把理解的过程放在记忆之前，对于自己熟悉的、能够了解大概的事物，你也能很快记住它。

记忆点二：构建联系。

我们的大脑具有联想功能，所以越是有条理、有逻辑、有联系的信息，越能更快地被记住。对于将要记忆的内容，进行相应的联系，不管是有没有意义的联系，只要能将你需要记的东西串起来，大脑便可以让你更快地记下来。

有意义的联系，就是指你通过分析找到看似零散的内容之间的彼此联系，通过列提纲、画图表等方式来将这些内容之间的关系呈现出来，通过梳理提纲、分析图表，就可以把内容完整地记忆下来。

无意义的联系，包括谐音、顺口溜、缩减联想等方式，虽然需要记住的内容彼此之间没有什么联系，或者都是很抽象的东西，但是通过开动脑筋，就可以把它们和一些有趣的信息联系在一起，从而更好地记忆内容。

比如，π 的前 35 位谐音记忆的故事，就是教我们利用谐音来记忆看似毫无关联的数字。

古时候有位教书先生，只喜欢去山上找和尚吃酒，对教学也不上心。但他每次临去喝酒前都会给学生留作业，他要求学生背诵圆周率的前 35 位。

这太难了，数字之间毫无规律可言，学生们怎么都记不住。后来，有一位善于思考的学生想了个办法，根据这几天的经历编了一首顺口溜：“山巅一寺一壶酒（3.14159），尔乐苦煞吾（26535），把酒吃（897），酒杀尔（932），杀不死（384），乐尔乐（626）。”所有学生觉得有趣，只念了几遍就基本全记住了。待到先生回来一检查，所有学生都背得滚瓜烂熟。

这个方法很有意思，但同时，也需要你有更丰富的思维，也就是说为了记住眼前的内容，你的头脑中需要提前有那么多可供你组合拼凑的内容，这其实更考验你的知识积累量。

记忆点三：借助外力。

小孩子的记忆为什么那么好，是因为他们采取了更直观的图像记忆，同时他们也接触到大量的故事，有意思的情节也会促使他们记得更快。事实上，不管是图像还是故事，又或者是某些情节，之所以能够那么快地被记住，是因为它们都是形象思维，不需要过多的加工与处理，大脑应对起来相对会更简单，但文字和声音这些信息则属于抽象的信息，大脑不得不通过更细致的加工才可能实现记忆。

所以，这也算给你提了个醒，某些情况下，你也不妨借助图像、故事、情节来帮你进行记忆。比如背诵古诗时，除了去理解、分析古诗的内容这一种方法，你还可以根据古诗的内容画一幅画，每一句对应一幅画面，通过画面来加强对古诗内容的记忆。

记忆点四：死记硬背。

这个说法好像有点让人惊讶，因为很多人认为“死记硬背”是比较愚蠢的记忆方法，其实不然。对于中国传统文化经典，所谓的“死记硬背”也是非常有效果的，因为这些经典是高度浓缩的智慧精华，有文学之美，比较适合“死记硬背”。孩子们可以通过这样的方式把经典储存在大脑之中。

因为年龄越小，记忆力越强，年龄越大，理解力、体悟力越好。古人就采取“先记忆、后理解”的经典学习方式，先吸收储存，后消化理解，所以代代人才辈出。这样的学习经典的方式，是“正本清源”，是“固本培元”。只有小时“死记”多了，长大后才会“活用”。

美学家、教育家朱光潜曾说：“私塾的读书程序是先背诵后讲解。在‘开讲’时，我能了解的很少，可是熟读成诵，一句一句地在舌头上滚将下去，还拉一点腔调，在儿童时却是一件乐事。我现在所记得的书，大半还是儿时背诵过的，当时虽不甚了了，现在回忆起来，不断地有新领悟，其中意味，确是深长。”

哲学家、历史学家任继愈指出：“文化也要从娃娃做起才有根。古代的东西是文言文写的，有些地方可能不大通，没有关系，小孩子记忆力好，先记下来，慢慢消化。古代经典经得起揣摩，经得起消化，不是念一遍就完了。有些故事，讲一遍，听过去就完了，可经典文化不一样，第二遍读过来和第一遍的感受不一样，第三遍过去和第二遍又不一样，可以长期起作用。”

二位先生说的“背诵”“记忆”其实是“学习”的过程，即吸收，而“揣摩”“消化”则是“反刍”的过程，即内化。

在儿童还没有足够的能力去理解的时候，就把经典交给他们，看似不合时宜，但却是中华文化代代相传的绝佳方法。对于儿童而言，其心灵纯净空廓，经典可以激发其一生的文化向往，并奠定其一生的文化根基。年幼时背诵的大量经典，随着岁月的增长与人生历练的增多，会自动开启回味经典的心灵按钮，从而更深刻地体悟圣贤经典的精妙智慧之处，终会感慨万千，终身受用。

所以，你可以根据自己的特点，来选择更合适的记忆点，拓展你的记忆深度，帮助你完善记忆能力。

全方位调动感官和情绪，让记忆更牢固

记忆是一种多感官参与的行为。这样的说法是有科学依据的，有研究证明，单靠听觉获得的知识，3 小时后可以记住 60%，3 天后则只能记住 15%；而单靠视觉获得知识，3 小时后可以记住 70%，但 3 天后也就只能记住 40%；然而若是将听觉与视觉并用去获取知识，3 小时后可以记住 90%，即便 3 天过后，也依然可以记住 75% 的内容。

朱熹提出的“读书三到”——心到，眼到，口到。这也是要求心中多思考、眼睛仔细看，同时还要大声地读出来。在古人看来，“读书三到”就是最基本的学习方法，也是记忆的基础，这无疑正是与现如今的“多感官协同学习”的记忆方法相吻合的。

当你可以调动多感官去实现记忆时，你的记忆效果就会比使用单一感官效果要好得多。

那么，你应该怎样去实现多感官的协同呢？

首先，训练各个感官，保证它们时刻都处于“战备”状态。

你的各种感觉器官也遵循“越练越灵活”的规律，如果你想要在接下来的感官协同作战中获得成效，那就要保证各个感官都能时刻做到“说上场就上场”。

视觉，经常做做眼保健操，保证眼睛的灵活性以及健康程度，学会快速地看过去而不遗漏重要信息，学会在一堆信息中准确抓住关键信息，也就是要保证你所看到的内容将能在日后的记忆中提炼关键信息。

听觉，保护好听力，有节制地使用耳机，并尽量远离高分贝的场所，学会在听的时候抓住关键词，并争取达到可以把听的内容复述出来的水平。良好的听觉在你上课的过程中会发挥重要的作用，你可以自己有所体会。

表达，有机会说的时候，就要开口去说，不要害怕自己说错，有错就虚心学习积极改正。学会使用正确的表达方式来表达内容，学会抓住精准的关键性信息来传达内容，并学会把复杂的内容以更方便理解与记忆的方式表达出来。另外，一定要注意让自己的嘴跟得上自己的脑子，很多同学都存在“不能清晰表达自己头脑中所想”这种情况，这可能意味着你存在词汇匮乏、组织语言能力差等表达能力问题，这需要你格外多加练习以克服。

手写，尽量练一笔好字，并在保证书写质量的前提下有一定的书写速度。良好的书写能力在你上课听讲的时候也会发挥重要作用，如果你写得慢，那你很可能会因为只关注写而错过老师接下来的讲解内容，所以，手能跟得上也是学习的一种基本保障。

思考，不要做什么都不想的人，从基本的“思考老师讲的内容”，再到复杂的“思考人生中遇到的种种问题”，你的大脑需要经常处在一种运转的状态。多思考学习，多思考疑问，让大脑遇到问题就自己自觉启动搜索功能，会保证你的大脑的灵活性。

其次，学会综合运用感官，保证它们上场后能真正“协同作战”。

感官协同作战，是你训练各种感官之后的最终目的。真到了要用的时候，你的多个感官也要能实现彼此良好的配合。比如，你要记忆英语单词，你可以先看看单词的“样子”，都有哪些字母组成、排列顺序是什么样的；然后再听听老师或者教学音频中发出的正确的单词读音，并做到能跟着读出来；之后再跟着老师学会单词的意义，思考这个单词的使用状态；再接下来就尝试着去把它写出来。经过这样一个过程，你的多种感官都被调动起来了，然后如此多巩固几次，一个单词基本也就能被记住了。

每个人都有自己的记忆特点，你可以根据自己的喜好和需求，去灵活选择使用哪几个感官，只要保证能够综合使用多感官记忆，你的记忆力就会比单一感官的记忆要好得多。

最后，除了感官，情绪也会在记忆中发挥重要的作用。

你可以回忆一下，那些能够更深刻地记在头脑中的事情，多半都与你的情绪有紧密关联。热血沸腾的比赛，伤心欲绝的吵架，苦尽甘来的成功……是不是印象深刻？

之所以会出现这样的情况，是因为大脑的诸多区域与连接会在记忆的存储与提取过程中发挥作用，而海马体和杏仁核两个脑区在其中发挥非常重要的作用。杏仁核会记录个体当下情况的情绪反应，海马体则会记录个体当下所处境况包括时间地点事件等内容的详细信息。所以，当情绪被唤起时，杏仁核就会促进海马体激活与这一情绪相关的种种细节信息。总之，情绪对记忆有一定的帮助。

你可以通过一些可诱发情绪的方式，来唤醒你的某些记忆。比如，你在学习某个新知识的时候，内心那种新奇感以及对新知识的渴望，可能会让你记忆深刻，你可以通过了解与这一新知识有关的更多的内容，去体会新知识带来的进步，从而更好地理解和记忆新知识。

信息提取——巩固记忆的重要方式

对于一段内容，体现它被你记住了的唯一方式，就是你可以“再现”。用一个比较科学专业的术语来说就是，你要能实现“信息提取”，这是你巩固记忆的一个重要方式。

从心理学角度来看，不管是什么类型的记忆，只有经过编码、存储和提取这三种心理过程的操作，知识才能在随后的某一时间里被使用出来。其中，编码是指“信息的初加工”，存储则指“被编码材料随时间的保持”，提取就是“被存储信息在随后某一时间的恢复”。简单来说就是，通过编码过程获取信息，并通过存储来保存它直至需要的时候，最后通过提取来将它展现出来。

现在来回忆一下你的学习过程，你是不是曾经觉得，只要听了课，只要会做了课后题，只要能回答上来老师的问题，就代表你已经完成了学习呢？这其实意味着你只完成了学习内容的一半，你只是把东西装进了“袋子”，却并没有考虑过什么时候会把东西从“袋子”里拿出来，如果“袋子”破了个洞，东西掉出去了，或者你以为自己装进去了，实际上你失手了没装进去，那你的记忆其实并没有在其中发挥作用。

我们为什么要去记那么多东西？还不就是为了日后某一天让这些内容能够发挥它们应有的作用，使得我们能在它们的帮助下有所作为。

所以时不时地对你头脑中的种种知识进行信息提取，无疑就是在确保你把东西放进了“袋子”，而且也正是通过这一次次提取，你才能更准确地感觉到自己对这些知识的掌握程度。如果你更有心，那么每一次提取都会让你记忆更深刻，直到有一天你可以自如拿取这部分内容，它才能真正变成属于你自己的东西。

那么，应该如何实现信息提取呢?

认真学习，保证一开始就把内容放进了“袋子”。

要提取信息，前提是你的头脑中肯定有这段信息，否则就如同你拿着一张空白银行卡去取钱，余额为零，你什么都取不出来。

这就要求你学习时保证能认真对待，老师讲课时，你要做一个认真听讲的学生，结合前面提到的多感官协调记忆，你争取把整堂课的内容都留在自己的脑子里，也就是保证把老师教给你的那些“东西”都能放进大脑这个“大袋子”。

同时，虽然你把东西放进去了，可也要知道你放哪了，不是随便扔进去的，也就是你要有条理地归纳你所记下来的东西。这一点在开始学的时候就要好好规划了，而不是等到日后再想调出这方面的知识内容时，还要反复回忆甚至因为忘记而不得不重新回头再去学一遍。

经常练习，实现拿取自如的过程。

人的记忆是有一个遗忘曲线的，如果你不能做到时常提取记忆，这段记忆就会随着时间逐渐消散在你的脑海深处。避免遗忘的最好方法，就是时不时把那段内容“提取”出来加以巩固。

比如，对于已经学过的知识内容，你可以时不时拿出来练习一下，巩固记忆的同时，还能帮助你打好基础，从而为日后的新知识的学习做好衔接。

当然这种做法有一个更准确的名称，这就是“复习”，复习就是一个保证你提取信息能够方便自如的过程。有关复习的具体内容，我们在后面还会有更详细的介绍。

有目的地提取，不断巩固记忆。

有心理学家做过一个实验：他们随机选取两个班的学生，请老师给学生们布置了同样的默写课文的作业，并提醒大家第二天要测验。第二天测验时，两个班的成绩差不多。测验过后，他们告诉一班的同学两星期后还要进行测验，但却并没有通知二班的同学。结果两星期后测验，一班同学的成绩比二班同学要好得多，而实际上两个班的同学在第二次测验之前都没有刻意复习，就只是因为在第一次测验后，一班同学获得了一个更长久的记忆目标，这就使得他们的记忆得以保存得更长久一些。

由此可见，当你对自己严格要求，为自己提出明确的记忆目标时，你的记忆效果要好过没有任何目标的情况。

所以，在学习过程中，适当严格要求自己也是好事，如果你提醒自己“我需要把这个内容记得久一点，便于日后考试”或者“这个知识点将会对我很有用，我不妨好好记住它”，如此一来你的大脑就会对这方面的内容提起重视，从而促使你主动记住它。其实这种主动记忆也被称为是“有意记忆”，你要有明确的任务，并要能以坚强的意志力来保证记忆的内容。

加强对各类记忆方法的训练

要实现高效记忆有很多方法，但并不要求你掌握所有方法，看看自己在记忆方面有什么特点，自己对哪种记忆方法比较感兴趣，或者说运用得比较熟练，然后再对这种方法加强训练，以最终提升记忆能力。

这里会列举一些记忆方法供你参考和选择，如果你有更适合自己的方法，也可以根据自己的需求来进行综合调整。

如果你对自己的学习有一个清醒的认识，那么接下来你就可以来看看到底哪种方法更适合你，或者说哪种方法会给你更好的启示。

第一，归纳法。

所谓归纳记忆，就是将所记忆的内容按照不同的属性来加以归纳，然后分门别类地记住内容及其属性。要实现归纳，你需要寻找知识点之间的联系，比如课本上的知识内容一般都会按照不同类别来进行安排，那么你在进行归纳的时候也可以参考课本的分类。

你可以在一章或一个单元的内容学完之后开始进行归纳，因为时间太短的话，知识内容太少并不容易形成系统，所以归纳法适用于进行阶段性学习总结时使用。比如，你可以画一个表格、列一个树形图，将知识分门别类地整理出来。另外，你也可以在一星期或者半个月学习结束后，把这一阶段里所学的所有知识进行归纳整理，按照不同属性的内容进行系统分类，然后再进行有针对性的记忆，这样的记忆效果还会更好。

一般来说，归纳有数字归纳法、时间归纳法，以及“××之最”“第一××”等规律，你可以根据要记忆的内容来选择合适的规律，在这个过程中，你要找到知识的前后联系，从而建立起知识体系来更方便记忆。

第二，联想法。

俄国著名生理学家巴甫洛夫说：“记忆要依靠联想，而联想则是新旧知识建立联系的产物。”这就点明了联想在记忆中的重要作用。

联想也包括很多种类，比如由时间、空间、事件等联想其他内容，这就是相关联想；由内容相近的事物，像是字形相近的生字、词义相近的词组、词根相近的单词等的联想，就是相似联想；由内容相反的事物，像是正负内容、加减乘除运算、反义词等内容的联想，就是相反联想；将思维彻底发散开，以一些奇特的想法来加深记忆的方式就是奇特联想。

联想法对于提升记忆的效果是不言而喻的，不仅如此，联想还能促使我们的大脑获得更多的思考练习，从而促进创造性思维能力的发展，也是对大脑灵活性的一种锻炼，可谓一举多得。

第三，图像法。

前面也曾经提到过形象记忆，图像法就是借助这种形象记忆的表现来实现对所学内容的记忆。你可以对眼前要记的内容先绘制一幅图画，选择合适的关键词或关键场景，以保证自己一想到这幅画面就能联想起画面所代表的内容。

这种方法在背诵古诗、文章的时候比较常用，其他知识内容则要根据其内容特点以及你自己的记忆喜好来选择是不是适合在头脑中绘图。

第四，歌诀法。

把知识要点编成一首诗歌或者歌曲，朗朗上口的歌诀方式，会让你更快记住知识要点。比如前面提到的关于圆周率的那首打油诗，相信你看过一遍之后就已经可以记个大概了，这就是歌诀的强劲力量。

在进行歌诀法记忆时，你可以选择前人已经编好的，比如二十四节气歌、乘法口诀等，这种延续长久而依然在用的歌诀，本身就意味着它是可行的，可以方便你更快地记住知识内容。当然如果你有足够的想象力，自己去编制歌诀也是可以的。

第五，锁链法。

所谓锁链，就是只要提起一环进而就能牵动所有知识的联系方法。这需要你在学习知识时，就要善于寻找知识点之间的关联，在知识点之间建立起紧密的联系，就能保证你在思考第一个知识点时，很自然地串联起后续的一个又一个知识点。

但是这种连锁性质的记忆方法需要小心使用，因为如果你学得不够精，那么你可能就没法找到知识之间的关键联系。如果你只顾着追求联系，就盲目地把知识串在一起，这也很容易造成混乱。所以，你需要有良好的思考能力和串联知识的能力，这样才能保证不会越记越混。

第六，重复法。

重复是记忆的最基本要求，你可以采取循环记忆法，也就是每隔一段时间就把前一段时间所学的内容进行一次“信息提取”，这会使你最终记忆的内容越来越多。

另外，你也可以采取一种随记随抛的方式，就是每次记忆都把你已经记得滚瓜烂熟的内容放一边，只专心重复没有记熟的内容，随着不断重复，那些一直都记不熟的内容终会被彻底记住。

第八章

学会认真听讲，全面提升学习效率

● 我总是不停地被提醒，“上课要认真听讲”。

这是必须的！听课是学生阶段掌握知识的最基本、最重要的途径。

● 可是明明每节课我都认真听了啊，为什么学习成绩并不像我想象的那么好呢？

你是怎么理解“认真听讲”的呢？认真，是你的态度；听讲，是你的行为。但是什么是“认真”，什么是“听讲”，需要你好好考虑。认真听讲，并不是说你坐在那里一字不差地把老师说的话听见就算完了，这只是最基本的要求，听讲是讲究技巧与方法的。只有真正实现了认真听讲，才能实现学习效率的全面提升。

上课总是走神，到底怎么办？

走神是认真听讲的大敌，这是人人都懂的道理，可是懂得道理归懂得道理，真到了实操的时候，还是会不小心就走了神。你是不是也如此呢？

上课走神是一个很普遍存在的问题，几乎所有的同学都或多或少地出现过走神的情况。然而，有的同学只是偶尔走神，可以很快调整过来，并能保证日后不再走神；但有的同学则不然，走神似乎成了他上课过程中“必备”的行为，说不准什么时候他的心思就已经不在课堂上了。

对于走神，有的同学可能很是有自己的一套“理论”，比如曾经有一位同学这样说过：“我也不想走神，可走了又怎么办？没事，反正课下还是要写作业的，反正以后还是要复习的，反正不会了可以问嘛，反正……我时间有的是。”

这种想法真是相当天真，走神会让你错过关键内容，这个关键内容可能是关系到后续知识学习的重要节点，你错过了这个节点，后面的一系列知识你可能都将无法弄明白。你以为自己只不过是错过了课上时间，课下还能弥补，但实际上，你将永远都比别人少那么一段重要时间，你补的只是知识，但时间却永远都找不回来，这就相当于你对时间欠下了债，这个债说不准在什么时候需要你用考试成绩下滑、无法解决难题等方式来偿还。

更重要的是，上课走神一旦形成了习惯，那么这个习惯可不仅仅只是在上课影响你，它将在任何一个你想要集中精力的时刻去影响你，会让你不自觉地就陷入走神的状态，等你忽然醒过来的时候，时间早就过去了，你该干的事情也早就被你耽误了。所以，一定要对上课走神的问题引起足够的重视。

那么说到这里，你的问题是不是也就接踵而至了，上课总是走神，到底应该怎么办呢？

首先，你要清楚自己为什么走神。走神的原因可能有这么几个：

第一，课间休息玩得太疯，高度兴奋的头脑以及身体上的疲劳，导致你的大脑一时间转换不回来。

第二，就是忍不住，会因为各种各样的小干扰而走神，哪怕是教室墙上的招贴画都可能引发走神，也就是自己的定力不足。

第三，不知道怎么听课，抓不住重点，也不知道什么时候应该专注，错过了集中注意力的关键时间。

第四，不喜欢课程，不喜欢老师，不喜欢同学，不喜欢学校……总之“丧气”满满，心理问题要远大于当下的学习。

第五，知识越学越多，内容越学越难，一个跟不上，某处没学会，然后就陷入了不断追赶的境地，导致疲劳不堪，导致焦躁不已，导致不得不走神。

第六，身体健康原因，饮食、睡眠原因，疾病原因等。

……

每个人的走神都有自己的特定原因，这里所列出来的只是一些典型的原因，你要找到自己走神的真正原因，才能实现对症下药。

比如，合理安排课间休息时间，要让身心都得到休息与放松，但也要保证时间的合理分配；给自己一些“我能好好听课”的心理暗示，或者用一些名人名言作为对自己的提醒，帮助自己定下心来，能在课堂上坐得住；向老师或学习好的同学请教，去抓住听课的重点，通过一两次成功地听课，来给自己以足够的信心；先解决心理问题，然后再考虑学习，磨刀不误砍柴工；及时调整自己的学习方式方法，随着课堂内容的增多与深入，来改变听课的习惯，给自己足够的信心，保证做到不掉队；掌握一些听课的技巧，让自己能实现事半功倍地去听课，让自己能更好地应对所有课程；建立良好的作息规律、饮食规律，关注身体健康，及时去医院进行治疗，听从医生的安排和建议；等等。

上课走神虽然是不好的习惯，但也并不是不能改变的现状。你要接纳自己，然后正视自己，带着改变自己的意愿，迈过走神这个障碍，让自己的学习逐渐步入正轨。

预习，是上课认真听讲的有效保证

《礼记·中庸》讲：“凡事豫则立，不豫则废。”豫，通“预”。意思是，不论做什么事，事先有准备，就能得到成功，不然就会失败。

听课也是如此，如果你课前进行了认真的预习，那么再上课时，你就会对课程内容产生一种熟悉感，你会知道即将要学习的内容是怎样的，有什么难点要点，你自己有什么问题，你可能通过这个内容有什么收获，这会让你在课前充满期待，也会让你在课上准备充足，更会让你在课后收获满满。

不过，很多同学对预习都有错误的理解，认为预习就是超前学习，只要提前看一看就够了。而实际上，真正的预习，就是你发现问题的过程。

预习并不是只要求你学会新的知识，它是让你发现自己哪里不会，那么这种“不会”就会使得你带有一种“怎样我才能会”的疑惑以及渴望，等到再听课时，你会不自觉地就集中注意力，为你当下的疑惑寻求答案。

接下来，向你推荐一些预习的技巧。

第一，合理安排预习的内容和时间。

预习的确是课堂学习之前一个比较好的学习方法，但这并不意味着你所有的学习内容都需要预习。预习也是要有所选择的。

那些比较简单的，你非常感兴趣的，或者说你基本上能做到一听就会的内容，可以简单翻一翻，不需要耗费时间去认真预习。反倒是那些平时你认为很难的科目，需要你好好预习。

因为你没有那么多的时间投入去预习，随着你年级的升高，你要学的知识内容也会越来越多，作业、思考、复习的时间就已经有很大需求了，预习的时间你要有更合理的安排。

所以，为了保证你预习的质量，你可以有选择地进行预习，将大量的时间放在较难的科目上，优势学科的预习可以更简单、更迅速一些。

第二，列出预习中遇到的问题。

既然要通过预习寻找问题，那么建议你准备一个预习专用本。把预习过程中遇到的问题罗列出来，包括你没看懂的、没想明白的，以及预习过程中你联想到的疑问，或者是前后矛盾的地方，你都可以记录下来，同时也在课本上明确标示出来。

等到上课时，你可以对照你的疑问去认真听课，这无疑会抓住你的注意力，让你高度集中。为了解决问题，你将没有时间去走神。

听课过程中，如果你认为预习时遇到的问题得到了解决，可以打个勾，但如果你依旧有问题，不要当时就冥思苦想，标上特殊记号，等待老师给出的提问时间或者下课时再去和同学或老师一起讨论也不晚。

第三，坚持养成预习的好习惯。

预习贵在坚持，一旦养成好习惯其实也就相当于你养成了自学的能力与习惯。不要等着老师带着你去学习，而是要鼓励自己主动去学习，通过自己的预习，你会建立自己对知识的理解体系，不管是日后的复习还是进行继续学习，你都会因为自己主动学习以及有自己的理解体系而更有学习的动力，且也会更能看得见学习的成果。所以，建议你要用心学，掌握学习方法，养成良好的预习习惯，实现主动学习的目标。

第四，一定保证好好听课。

有的同学经过预习之后，也许会发现很多问题自己可以解决了，这时他就放弃认真听讲了，其实这也是很傻的做法。

即便经过预习，你也只是凭借自己的所学基础来对知识有了一个皮毛的理解，如果没有老师的进一步分析和点拨，你对知识的掌握也将止步于当下的一知半解。

所以，如果你预习的过程中发现新内容你已经学会了，那么你应该带着“我要在老师那里检验一下我的理解是否正确”的想法认真听讲。老师都是有经验的，他们会发现更多你没注意到的细节，也会把浅层次的知识点扩展到更深层次，所以，预习应该是你听课的辅助，而绝对不能成为你好好听课的替代行为。

听课，到底要“听”什么？

听课这件事，带有很强烈的“个人色彩”。老师是同一个，讲的内容也是唯一的，但底下听课的同学却能呈现出各种不同的听课效果。

有听得特别认真的，有听得一般认真的，也有听得心不在焉的。

有听得特别认真，但最终却没记住什么的；也有听得特别认真，最终也收获满满的。

有听得一般认真，可所有要点都记住了；也有听得一般认真，结果也就记了个大概的。

有听得看似心不在焉，但成绩却完全没问题；也有听得心不在焉，学习果然不行的。

你可以对号入座了，你属于哪一种学生呢？

就像有同学说的：“我们班上的某某同学，看他听课也不是全程都聚精会神啊，可他的听课效率就是那么高，好像老师讲了什么他都记得住，老师讲的东西他也全都理解了。我一堂课认认真真听下来，感觉累不说，能记住的也不多，笔记也记了，重点也划了，可等到作业、考试，该哪里不会还是哪里不会，真是奇了怪了！”

听课，就是这么“神奇”的一件事，完全取决于你是不是会听课。会听的同学，事半功倍；不会听的同学，事倍功半。

那么接下来，我们就来“攻克”这个谜题。

要解决一个问题，我们要知道解题的点在哪里。不会听课，我们就要去发现，听课到底是“听”的什么，确定了要听的内容，再加上正确的听的方法，假以时日的练习，相信你听课的效果就会有所改观。

听课，听出德行来。

不要感觉奇怪，听课这个行为，一定是要以德行为先的，你要听出德行来。

这个德行，体现在你对老师的态度上。只有适应了老师，对老师怀有最起码的尊敬之心，你才可能愿意认真去听课，这是一个最基本的前提。毕竟，讨厌老师，其实也是对自己的不负责任。你因为不喜欢老师而赌气不好好听课，那吃亏的是谁呢?

这个德行，还体现在你对待课堂的态度上。你要建立这样一种意识，听到上课铃响，老师进入教室开始讲课，这就是一个严肃认真的学习氛围，不容你去扰乱秩序，不容你去干扰、侵犯他人的听课权利，更不容你放纵自我而无视老师的辛勤劳动。所以，你必须要认真对待课堂，尊重自己，尊重他人，更要尊重老师。

听课，听课程内容。

课程内容是一节课最核心的部分，我们通过老师对课程的分析讲解，去认识、理解知识内容，再通过思考、练习，实现对知识的灵活运用，直到最终把这些知识内化为自己的东西。

听课的内容，从老师的开场白就已经开始了。开场白是对课程的一个总领大概，你可以知道这一节课你会学到什么以及学到一个什么程度，而且老师的开场白中有时候还会包括上节课的重点内容，认真听的话也能起到一个复习与承上启下的串联作用，将前后知识点联系起来，从而保证听课的连贯性。

开场白过后，老师会开始课程的详细讲述，新知识是什么，有什么意思，表达了怎样的意义，有怎样的作用，这是课程的中心重点。你要听老师讲述内容中的重点、难点、问题点，还要听老师对问题的讲解、分析、解决方式方法。

在经过详细讲解之后，课程会逐渐步入尾声，这时老师还会有结束语，老师会再次强调课程内容中的重点。这有助于我们课后的复习及作业，同时如果课程中你真的出现了走神的现象，也能在结束语的时候意识到自己哪里错过了，从而便于课下的弥补，这也相当于在最早时刻给了你可以补救的机会，使你不至于因为这个漏洞而错过太多。

听课，听思考关联。

没有什么知识是独立存在的，如果你听课就只是去单纯地听课本上这一点内容的讲解，那你的听课目的太单一。很多同学其实就是因为只死板地听了这一点内容，不会融会贯通，不会前后联系思考，不会举一反三，结果遇到灵活变换的题目就完全不会做了。

听课的时候，老师会提供思路，而且会引导思路，所以你一定要参与到其中去，始终都要对你正在听的内容有参与感。要注意到老师在不同地方的表达，不仅听得懂老师字面上所说的内容，更要能多思考，去理解字面背后的意义。

如果老师提出了问题，需要发言、讨论，其他同学的表达也在我们认真听的范围之内，旁人的想法可能是另辟蹊径的，会为你提供新的思考方向。

听课，听、说、看、写、思。

你以为“听课”就只是“听”课？那可真是简单的想法。完整的听课过程，一定是听、说、看、写、思多方协调的过程。这一点在下节有更详细的解说。

最重要的一点你一定要记住，听、说、看、写、思，绝对不是单独存在的五个动作，它们需得综合在一起，需得彼此紧密协作。只有这样才能帮助你更好地完成听讲这个行为。

这样看下来，你是不是对听课有一个基本的了解了呢？试试看，以全新的姿态去听课，期待你能在每一节课堂上，感受到听课的满足与快乐。

让“四到”帮你“听”出效果来

如前所说，听课是一个综合的过程，也就是听、说、看、写、思都要做到。那么听、说、看、写、思到底都对应怎样的行为呢？

听：要真听，不允许自己开小差，始终用耳朵抓住老师的声音、同学提问或回答的声音。不错过任何一个细节，不放过任何一句重要的话语。

说：老师的提问，要有问而有答；需要的讨论，要及时表达自己的观点；给出问题时间，要能说出自己的疑惑、不理解；对于有些观点，以恰当的表达来阐述自己的判断。你的积极回应，不仅是对老师的尊重，也代表着你正在对课程进行全面的参与。同时，说也包括“读”的过程，读就是读老师的板书、读课堂的电子课件、读课本、读问题、读答案。读的时候，如果是手能触及的课本或笔记本，手也用上，去点读，这是把你可能跑走的思想牢牢拽回到课堂上最有效的办法。

看：看课本的内容，看老师的板书，看课件的演示，看老师的操作，看知识点，看知识引发的某些效应，等等。你的眼睛应该时刻跟着老师走，按照老师的吩咐去关注手中的书、面前的讲课场景，用眼睛帮你记住课堂上的知识点。

写：记录老师的观点、看法，划出重点、要点，写下自己的问题、观点。但是在写这件事上，你也要记住，“听课不是抄写的过程”，因为有很多同学会把大量的时间和精力都用在抄写板书、抄写题目上，书本空白处或笔记本上虽然也记录得满满当当，不过是做了一种抄写或速记的工作。对于学习效果而言，可能是事倍功半。你的确是要动笔写一些东西，不过你要跟着老师的讲课过程去写，有些地方可以简单记录一下，有些地方可以用一些符号代替，不需要一笔一划那么严谨，以免错过老师接下来重要的讲解，所以，你一定要把你的严谨用对地方。

思：你要带着问题去听课。思考你为什么要听讲；思考课程对你的意义；思考上课之前的预习内容；思考你都有哪些疑问；思考你对这些知识的理解；思考老师的讲解对你的引导和影响。你的脑子要活起来，不是被动去接纳，而是主动去跟随。

如此来看，其实听课需要你做到“四到”，对应来看就是：

第一，听、思——心到。

因为只有用心，你才能认真去听老师的讲课，并从中听出你需要掌握的内容，同时还能因为听而引发思考。

要实现“心到”，你首先要收心，上课铃响，就马上进入学习状态，抛开头脑中那些与学习无关的内容，先把这40分钟好好地坐下来再说。同时也要参考前面提到的上课防走神的措施，保证自己的心能始终在课堂上，在老师的讲解之中。心到，你的整个人也就会同步浸润在课堂内容之中。

第二，看——眼到。

形象记忆的关键就在于用眼睛去看，你眼睛所关注到的内容，都会成为你记忆的一部分，用好眼睛，选好看的内容，这是你听课的保障。

要实现“眼到”，其实也是受你的心所控制的，控制好眼睛只关注课本和老师，而不要随便乱看，随意乱瞟，不看与课堂无关的内容，不受其他同学的影响。如果你的视力出了问题，也要尽早告知爸爸妈妈，佩戴合适的眼镜来保证听课时的“眼到”。

第三，说——口到。

你并不是封闭了声音去听课的，你需要跟着老师去读、去念，用语言去表达你的疑惑、理解。

要实现“口到”，你得保证自己敢说，不要做课堂上的透明人。对于老师的提问，积极一些去回答，这个过程其实也锻炼你的语言组织能力和胆量；老师要求的讨论，你也要积极表达自己的意见，而不是别人说什么就是什么，听和说是关联的，你表达了，才能从他人的反应和老师的反应中，察觉自己听得是否准确。还有读，你也要读得到位认真，不要在大家的声音里滥竽充数，否则就是对你自己的不负责任。

第四，写——手到。

记录你听懂的、听不懂的，记录你的理解、疑惑，记录你想要特别记忆的，记录那些难点要点，手也同样不能闲着。

要实现“手到”，你要给自己准备好合适的笔，记录方便，书写流畅，没有任何繁杂的装饰物扰乱注意力。书写的时候，学会合理分配记录时间，学会选择记录对自己有用的东西、记录自己的问题，以及老师特殊强调的内容。另外，手到其实也包括动手能力，对于一些需要动手操作的内容，你也要有行动的意愿和能力，重复课堂上老师做过的实验或者动作，对于你理解知识内容也是一种帮助。

总之，实现“四到”是保证你听课效率和质量的一大法宝，建议你好好地把它们综合运用起来，让你在听课时能有最大限度的收获。

总结适合自己的听课方式

由于学习水平高低不同，学习习惯各有差异，再加上每个人的个性差异、接纳程度等因素，使得每个人都有自己的听课特点，同时也使得同一种学习方法并不具有普遍性。

这样讲也是有事实依据的，你可以回忆一下，班里学习成绩比较优秀的同学，他们的听课方式其实就存在彼此的差异，有的看上去全神贯注，手下也不停在写，问题也提得多；有的则看上去轻松自然，记录的东西并不多，但却总能记到点子上，而且思路也颇为清晰。

成绩优秀是这些同学的共同表现，这就说明，并不是只有一种听课方式才能引领你走向优秀成绩，只有找到适合自己的听课方式，你才能更快更好地吸收课堂知识，实现成绩的飞跃。要总结出适合自己的听课方式，你可以这样来做：

第一，正视自己的学习类型，“因类型而制宜”。

每个人都有自己的学习特点，你要先好好分析一下自己到底属于哪一类的学习类型，然后再去选择相应的学习方式。

精力分散型。

如果你总是不能很好地集中注意力，总是会被其他事物分走精力，那么你就属于精力分散型。你要想办法提升听课的效率，也就是趁着你能集中精力的那段时间，汲取老师讲课中的精华。比如，你可以带着问题去听课，使得听课过程更有针对性；熟练把握课程内容之后，也可以尝试给老师“挑错”，当然这并不是让你吹毛求疵，你要找找老师讲的和你理解的哪里不同，这无疑会促使你集中注意力；也可以督促自己边听边记录，准备个本子，看着自己记录的成果，这会让你更有动力。

被动接受型。

如果你是一个非常“乖”的学生，老师说什么你就记什么，一直都认认真真地听，那么你属于被动接受型。你这种学习方式会让你把内容学得很死板，并不能灵活应对考试。这时你应该多关注老师的思路，多和同学交流，多问几个为什么，以帮助自己打开思路。

基础薄弱型。

如果你听课时一开始还很积极，但随着课程深入，你就渐渐出现跟不上的情况，那么你最初开始打的基础是不稳固的，所以对后续内容的理解就会出问题。你属于基础薄弱型。那么你听课的时候，就要记录下哪些地方导致了你理解困难，然后在课下去寻找过去已经讲过的知识来弥补漏洞，同时在老师复习的时候你更要专心去听，在老师的帮助下找到新旧知识的连接点，学会在巩固旧知识的基础上去理解新知识。

基础扎实型。

这一类型和上一类型完全相反。如果你属于基础扎实型，你就要把重点放在老师对新知识的讲解与解题的不同思路上，多关注当堂内容的重点和难点，多思考一些可以拓展你思路以及拔高的题目。同时，你要尽量减少把时间浪费在你已经熟练掌握的内容上，练习要做到少而精。

爱动脑筋型。

对于爱动脑筋型思维活跃可以成为灵活接纳知识的助力，也可能成为胡思乱想的源头。如果你属于爱动脑筋型，你要把听课的重点放在老师对知识点的阐述与分析上，你可以跟着老师的思路走，并将其与自己的思路进行比较，但一定不要因为老师讲了什么而头脑跑偏，同时也要及时和老师沟通，和同学交流，让你灵活的思维能用对地方。

当然，对于学习类型的划分并不是绝对的，你也许介于两者之间，也许你是一个综合体，也许你又会是一个全新的类型，不管是哪一类型，你都要针对自己的学习特点，去选择更合适的听课方式，让你的学习真正见到效果。

第二，应对不同的学科，选择不同的听课方式。

不同的学科，其实也有着不同的听课要求。比如，数学课要求你多动用逻辑思维，不仅要能记得住公式定理，也要能理解解题思路，还要有发散思维学会举一反三；语文课则更要求你的理解能力，以及听说读写的综合能力；英语课则可能会倾向于应用，老师会教你大声说出来，进行语言实践练习；等等。

根据不同的学科，你的侧重点要有所转换，可以听听老师的要求，并结合你自己的需求，选择合适的听课方式。

第三，注意课程类型，采取恰当的听课方式。

课堂上并不是只有讲新课的课程，还有复习的课程、练习的课程、总结的课程、讨论的课程等类型，语文课会有写作课和演讲课，英语课也会有口语课和写作课，数学课有练习课，自然课有实验课，不同的类型下，只有合适的听课方式才能让你更精准地抓住听课的重点，从而有所收获。

比如，复习课时，你要听老师对旧知识的总结，看看自己有没有出现遗漏，并跟着老师的思路把旧知识再理顺一遍，跟着老师的思路进行难点、要点的解析，保证做到对旧知识的全掌握；英语口语课时，就要大胆开口，跟着老师念，在老师要求对话练习的时候，敢于表达，这也便于你更快发现自己的错误，以及时纠正；等等。

多思考几个为什么，提出自己的问题

人为什么会学习？想要知道更多“为什么”是其中一个非常重要的原因，所以思考才在学习中占据重要的位置，也就是“学起于思”。想要提升学习效率，听课的时候带着疑问去听，多认真研读课本，就能从中发现一些问题。多思考一些为什么，学着去提出自己的问题，这样你听课的质量自然会比单纯地被动接纳要好得多。

可是，有很多同学因为各种原因而并不能那么自然地提出问题来。

有的同学因为羞涩而不好意思提问题，他总觉得自己有问题就是一个“有问题”的行为，“我有问题是不是显得我很笨”“只有我不会是不是太难为情了”，一旦这样想了，他就会把问题憋在心里而不愿意再开口。

有的同学是因为胆子小而不敢提问题，他并不是完全因为害羞，就只单纯是性格问题，不敢面对老师、同学，不敢在众人面前发表意见，带有一些自卑感。

还有的同学因为表达能力不好而不提问题，“怎么说都说不清楚”，经历几次讲不清别人也听不懂的情况之后，他就自动放弃这种不舒服的表达方式了。

也有的同学因为听不懂而不提问题，基础知识薄弱，完全不知道怎么提、提什么，也就干脆不提问了。

提问题是学习过程中再正常不过的行为，倒不如说，老师更喜欢能提出问题的学生，这意味着学生认真听讲的同时也认真思考了；同学之间也并不排斥提问讨论，没有人会嘲笑，被提问的同学其实都会乐于去表现自我，这也是年龄特点所决定的。

既然如此，我们何不放下这些心理包袱，去专注而认真地思考，提出问题，提升听课的效果。

第一，要有质疑的精神。

古语有云："思源于疑。"你得先要有质疑的精神，然后才可能发现问题，并由问题而引发思考，进而有新发现。

这里所说的"质疑"，并不是要你去质疑课本内容的正确性，而是要你去质疑自己对课程本身的理解，质疑自己对老师所讲解内容的接纳，质疑其他同学提出来可能可行的观点，要能从中发现你自身所存在的疑点，也就是你不懂、不理解或者完全相反的想法。

第二，列出不同层次的问题，寻求不同层次的解答方式。

这里建议你可以列出不同层次的问题，也即是从简单到复杂的问题层次，比如从"这是什么"到"为什么会引导这样的结果"，根据不同层次的问题，你可以寻求不同的解答方式。

如果是简单的问题，你完全可以通过翻阅课本、工具书或者老师讲课的笔记来进行重新学习就能得到答案，那么这样的问题你就可以自己解决，但你也要找一找原因，看看自己为什么会有这么简单的问题出现，是不是听课不认真，是不是还有其他原因，争取下次不再有如此简单的问题出现。

如果是复杂的问题，这个"复杂"是相对你自己的水平而言，如果你觉得不管是翻书、看笔记还是回忆思考，都没办法给出一个令你明白的答案，那么建议你就干脆一点去问老师吧，老师一般是了解你的学习水平的，所以你的提问并不会让老师感到你很笨，反而会觉得你的确有认真思考，更会认真给你解答。如果你选择问同学，也要去问水平比你好的同学，让他们给你一些提示。你能明白最好，如果还是不明白，老师就是你最终的求助对象。

第三，掌握一些提问的方法和技巧。

提问也是讲究方法和技巧的行为，同样是问"为什么"，有的人的问题是可解答的，而有的人的问题听来就像"胡搅蛮缠"，反而没法得到答案。所以你也要关注一下提问的方法与技巧。

你要在了解课程内容的基础上去提问，否则你直接问一个课堂上老师刚讲过的问题，他会直接怀疑你是不是听课了。你要问自己已经过思考的疑惑，而不是简单的课后题。你经过思考之后，你的问题会带有你的个人色彩，这样老师或同学也能知道你对课程了解到了一个怎样的程度，从而给你更合理的解答。你要选择合适的提问时机，一般老师课堂会给出提问时间，这时就要抓住机会问问题；也可以采取小纸条、电子通信等方式向老师提问。另外，结合前面提到的按层次提问，一些简单的问题你可以自己或者求助同学来解决，不要一次性去问老师很多问题，抓住一两个核心问题就可以了。

第九章

掌握做笔记的技巧，让学习事半功倍

● 我对各种笔记本爱不释手。

哦？这是好事呀！在对笔记本情有独钟的同时，要多关注笔记本里的内容，这样就完美了！

● 上课听明白了，为什么还要做笔记？

笔记是课堂听讲的有益补充，它会给你日后的学习、复习提供助力。你看，那些考试状元们都有一本本笔记。要知道，好的笔记可是学习事半功倍的一大保障，所以不妨“爱屋及乌”，在喜欢笔记本的同时，也喜欢笔记本里的内容，你会受益无穷的！

相信“好记性不如烂笔头”的真实性

很多人夸孩子，都喜欢用“聪明”这个词，说一个孩子聪明的依据，多半都是“记性好”，但是记性好的孩子一定是“聪明”的吗？也不尽然。看看学校里真正的好学生，成绩好的原因，头脑方面的天赋也就是聪明占据一部分因素，更多的因素是他们拥有良好的学习方法。而真正“聪明”的孩子，绝对不只是单纯凭借自己的“好记性”，他们手中还会握有别的“法宝”。这些“法宝”其中之一，就是笔记。

俗语讲，“好记性不如烂笔头”，简单理解就是，再好的头脑，如果只是靠脑子记，终归不能长久，但若是能动笔记下来，就是手脑眼的结合，这样的记忆也就更为牢固了。

我们先来看《明史·张溥传》中讲的一个故事：

明代文学家张溥自小就喜欢学习，凡是他读过的书一定要抄写一遍，一旦抄完，再朗诵一遍之后，他就要把抄写的内容烧掉，然后再重新抄写，像这样反反复复六七次才停止。因为经常抄写，张溥右手握笔的地方都长出了老茧。冬天的时候手因为露在外面，手指都冻裂了，每天要在热水里浸泡数次，但依然没能阻挡他抄写的热情。

后来，张溥把自己的书房命名为“七录”。而张溥自己，以写诗文思路敏捷而著称，面对各方前来征求诗文的请求，他连草稿都不起，直接当着客人的面挥笔而就，且完成迅速，这使得他在当时颇有名气。

张溥勤奋、刻苦、努力，他日后的美名，与他幼时不断动笔有紧密的联系。能说张溥记性不好吗？不，他仅仅六七遍就已经可以把文章完全记住了，但如果他只靠头脑，可能日后他并不能这么随意地挥笔而就，因为遗忘规律的存在，他也不能免俗。但重点就是，张溥并不是单纯地靠头脑，他选择了动笔，正是这一次次抄录，让他的手、脑、眼、口、耳的功用都结合在一起，这才保证了他日后丰富的知识储备，保证了他能够不假思索、不打草稿，下笔成章。

张溥的故事其实恰恰应了这句“好记性不如烂笔头”，他有好记性，但他又加入了“烂笔头”的作用，这才是他日后成名的关键所在。

放在我们当下的学习上来看，单纯地抄写并不适用于现在的学习，所以现在我们再动笔就有了新的意义，那就是记笔记。

有的同学认为，反正课本上都有，老师也讲了，那记笔记还有什么意义吗？当然有了。有研究表明，课堂 45 分钟，学生只能记住 75% 的内容，48 小时候再去测试，所记住的内容就已经大幅下降到了 10%，而如果能记笔记，那么这个不足就会得到弥补，听课效率也将大幅提升。所以“好记性不如烂笔头”这句俗语，在现如今也依然是可行且重要的。

如果你依然心有疑虑，那么一项来自美国的科学实验也可以给出事实论证。

> 1981 年，美国心理学家巴纳特选择大学生作为实验对象，研究做笔记与否对听课学习的影响。他随机挑选一批学生，给他们一篇 1 800 个词的学习资料，并以每分钟 120 个词的中等速度读给他们听。
>
> 被分为三组的学生，每组都以不同的方式进行学习。甲组被要求一边听课，一边自己动手摘录要点；乙组被要求听课的同时，看已经列好的要点，但自己并不动手写；丙组则只是单纯听讲，既不动手写，也不看要点。学习结束后，巴纳特对所有学生进行回忆检测，以检查学习的记忆效果。
>
> 实验结果表明：做笔记的甲组比另外不做笔记的两组检测成绩要好得多。

其实你自己回忆一下也会有所发现，那些你经常记笔记的课程，你对内容的理解和记忆是不是要好很多？而那些你只听不动手的课程内容，你现在还能记得多少呢？

一份好的笔记，就是一份好的学习资料，如果你也曾经在考前关注过好同学的笔记本或复习资料，那么你就应该明白一份好笔记对于学习有多么重要。

那么，现在你是不是相信了“好记性不如烂笔头”的真实性了呢？好的笔记浓缩知识的精华，列出难点要点，帮助你理顺前后知识的连接，让你一目了然，免去你翻阅资料的烦恼，也帮助你更精准地去复习与学习。你的大脑其实也更喜欢这种笔记式的资料输入，否则你单纯靠大脑去听、去看、去想，它也会因为疲劳而选择罢工，并因为喜好偏好而选择放弃某些很重要却很枯燥的内容。

所以，为了避免你得不偿失，还是拿起笔来，与你的记性一起，让笔记为你日后的学习付出一份力量吧。

掌握常见记笔记的方法与技巧

记笔记最大的好处，就是可以帮助你记住知识。有质量又有效率地记好笔记，也会帮你以更积极的态度应对学习，而且一本好的笔记，从心理上来说也会让你有成就感、安全感、满足感，你会更愿意积极地融入学习之中。

知道了这些好处，你一定迫不及待想要开始拿本子记笔记了吧？不过别急，“工欲善其事，必先利其器”，想要获得能让你感觉舒适的笔记，你也要好好打磨一下记笔记的方法与技巧，让自己有能力记录出令人满意的笔记。

第一，做好准备，合理分配时间。

记笔记的准备，首先需要你准备好工具，也就是笔记本和笔。

笔记本的选择应该以实用、方便为主，功能纯粹专一的笔记本就足够了。现在很多本子会做得很花哨，比如一些手账本、带锁的本子、内页满是插画的本子，这样的本子用来记录生活可能会有情趣，可是放在课堂上就很容易转移你的注意力，学习应该是严肃认真的。

笔的选择也要以可以流畅书写为主，你可以准备好专门记录的笔、标重点的笔、铅笔，至于它是不是有香味的、是不是好看的、是不是有装饰物的，这些就不用太在意了，好用方便的笔，才是你记笔记的关键。

在课程开始之后，你要选择合适的时间去记笔记，听老师的讲解、看老师的操作、思考老师的问题，这种时候你要全神贯注，而在老师有书写，或者他提醒你“这里我希望你们能记下来”的时候，你就要快笔如飞，赶紧记录这些要点。当然老师讲话的时候你也可以记录，这就考验你的速记本事了，要能抓住老师话中的重点。一堂课下来，你要知道什么才是需要你记录的，不要因为没完没了地抄写和记录，反而错过了老师讲课的精华。

第二，确定哪些内容适合出现在笔记上。

一般来说，老师讲课的内容中有一部分和书本内容相重合，所以既然书本上已经有了很明确的且精简又准确的描述，你就不需要再多费一道工序去誊抄下来了，只在书上标明就可以了。

还有一些你已经理解了的内容，比如你很明白老师讲的这个点到底在说什么，可以简单标明一下，而不需要详细描述。如果老师的分析比你所理解的要精简、有效得多，你可以简要记录老师的思路。

老师的板书，其实是他讲课的框架，你也可以把这个框架记录下来，帮助理解课堂知识结构。

有时候老师会给你一些很明显的提示，“这个过程分为三步”“这里有五个要点”，或者是“这一点很重要”“特别注意这个说法”，等等，这时候你要赶紧记下来。

笔记内容一定要精炼。

第三，把笔记记录在合适的地方。

笔记并非只能记在笔记本上，笔记是随着课堂内容的推进来自由选择落笔之处的。

比如，老师讲了一段很新鲜的内容，你没听过，对于书本知识而言是一种拓展，那你就可以记录在笔记本上，帮助你更好理解课堂内容；但如果老师就是针对书本上的某一个词、某一句话有了那么一两句的评论、分析或者重点指出，那你完全可以顺手记录在那个词、那句话的上下左右，以表示这个内容是由这一点发散开的。

同时，如果你对哪一点有疑问，假如是你很深入的思考，你可以把问题记录在笔记本上，但如果只是对书本上的某一点感觉理解不了，就可以做一个明显的记号，提示自己这里还有问题。

不过，书本的空白毕竟有限，所以，比较长的内容建议你记录在笔记本上，短小精悍的解说可以随手记录在书本空白处，这也是为了防止书本被记录得混乱。

第四，对笔记进行及时合理的整理。

完整的笔记记录，还包括课下的整理。整理的时候，你要把预习的笔记、当堂的笔记和书本上的笔记结合在一起来看。对照书本，把课上没来得及记录下来的笔记补充完全，把笔误、错误的地方纠正过来；对照预习笔记，把之前遇到的问题从头捋一遍，看看这些问题现在是不是都解决了；用统一的序号来编辑笔记，方便日后查找；如果有一些不需要的内容，可以在整理的时候舍去。

当然如果你有足够的时间和精力，可以重新记录一遍，只要保证笔迹清晰、字迹工整、内容准确、要点清晰就足够了，不需要加什么花边去做装饰。

不妨试试“边批”笔记法与“夹纸”笔记法

笔记记得好，的确会帮助你更好地学习，也会提升你的成绩。但不得不说，这个结果却并不是绝对的，有些同学，笔记记得都工工整整，且花花绿绿很漂亮，可是成绩却并不一定如你所想那么好。

为什么会出现这种情况呢？究其原因，不过是这些同学过分关注了笔记的形式，而忽略了它的实用性。好的笔记，一定是有实用价值的，它应该成为帮你理解知识难点、要点的助力，而不只是让你看着赏心悦目、心情大好那么简单。

但是有同学又会说了，有的笔记记录下来量不小，有的笔记又太杂乱，总归它们总是不能显现自己所期待的效果。其实记笔记也没有那么固定的样式，不一定全都是记录在笔记本上的，换一种样式记笔记，可能反而会让你更高效地去听课。如果你也遇到了“记了笔记却对学习没有那么大作用”的情况，不妨试一试“边批”笔记法与“夹纸”笔记法。

先说“边批”笔记法。

“边批”笔记法，就是前面提到的在课本的空白处进行记录。你可以把老师的讲解、自己的感悟、特别标明的重点标志等内容都记录在这些地方。

“边批”笔记法有两个很明显的好处。

其一是十分方便。

你上课的时候跟着老师的进度走，老师讲到了课本哪里，你随手就能记录在哪里，既能保证你不会因为专门找本子记录而导致再回头看书时找不到地方，又能保证你对这个内容知识点一目了然，更清晰地理解。所以，这种记录是一种省时又高效的方法。

比如上数学课，老师讲了书本上的例题这种解题方法，然后又讲了另外一种解题方法，那么你完全可以顺手就记录在原有解题方法的旁边，可以对比看差异，也可以在看到例题的同时，就能接纳两种不同的解法。如果把另一种解法记录在笔记本上，粗心的同学可能就会忘记老师曾经讲过这个内容，对于学习也许就是一种损失。

其二是非常实用。

说到底，课本是我们日后复习、学习的重要工具，你总是要以课本上的内容为主，那么当一些重要的讲解、分析、重点、难点都能跟随你要看的知识，都在一处，不需要你额外翻阅其他的本子，这无疑是非常实用的。

有些知识点你可能一知半解，及时出现在其旁边的分析，会帮助你更快地理解；有的内容是难点，记录在旁的红笔标示，会给你最明确的解答；有些内容你可能并不知道怎么运用，空白处的几句点拨，省去你翻找笔记本的麻烦，让你能更快想起老师讲的应用方法。

从这两点来看，“边批”笔记法的确可以让我们在记笔记这方面节省时间并提升效率。但还是要强调一点，你的“边批”需要整洁、有规矩，不要东一笔西一笔，不要扎堆凑团，不要涂改乱画。因为你毕竟是在课本上去进行笔记，课本内容是学习的重中之重，所以，你记笔记的前提应该是保证不会影响到看课本内容，而如果有太多的内容或者很复杂的分析讲解，建议你还是使用笔记本。“边批”的笔记最好是精炼有效、重点突出。

接下来再看看“夹纸”笔记法。

从“夹纸”这个词你就应该明白是什么意思了，简单来说就是把你记录的内容写在纸上，然后夹在与此内容相关的书页中。

有时候的确会出现笔记内容太多，书本写不下的情况，但是记录在笔记本上又怕耽误时间，又怕搞不清原本知识点到底在哪里，此时就可以选择“夹纸”笔记法。你可以选择一些小块的便签纸，记录下要点之后，随手粘贴在合适的地方；也可以选择活页笔记纸，因为是可拆分的一页页的内容，所以最后你可以把这些内容重新组合成一个本子，这是更为方便的选择。使用这种方法的时候，要记得做好标记，以免因为夹纸散落而搞混，可以标记书的页码、知识点名称比如“小数”“介词”“难题”等内容在醒目的地方，方便日后的查找。

“边批”和“夹纸”这两种笔记方法你可以综合使用，也可以结合笔记本一起使用，还可以在最后的时候一起汇总到笔记本中，让笔记本的内容变得更加丰富。

这两种方法相比传统的笔记本法要更简单，你不如也尝试一下，看它们所发挥出来的作用是不是对你也一样有效。

超级笔记——让记录更简单、更高效

在记笔记的过程中，尽管你很清楚要多听少记，可是真到了上课的时候，你可能还是会因为“不小心”在记录上耗费了时间，而错过了老师的某些重要讲解。

一般来说，听讲时你若是能把 80% 的时间投入听课之中，而只用 20% 的时间去记笔记，那么你的记忆力和理解能力都将获得大幅度提升。所以这就需要你去寻求让记录更简单、更高效的记录方式。

有一种“超级笔记”，也许可以帮你解决这个问题。

超级笔记的特点在于，它能很好地利用起你预习时记录的内容，让你在一开始听课时就能保持相对的从容；它还可以让你能更简化老师重复表达的信息，使你不至于在这上面浪费时间；而且它绝对能保证你听得多、记得少的需求，对提升你的记忆效率相当有效；还能和“边批”结合起来，让你的笔记简明扼要而又清晰，节省时间的同时还会让你一目了然。

既然有这么多好处，那么接下来，我们就赶紧看一看这“超级笔记”的记录方式吧！

你可以准备一张纸，将其划分为左右两部分，或者选择有左右两部分区分的横格纸。在左侧标注预习笔记内容，右侧则留给课堂笔记来使用。

在笔记纸张的抬头部分，写明白这是哪一节课，这节课的主题是什么，是课本上的哪一章节，这会方便你日后查找。

上课之前，你可以按照预习的过程把预习笔记的内容一项项罗列出来，你不明白的、感觉是重点或难点的地方可以有明显标示。同时，根据预习的过程，也可以在旁边罗列一列关键字词，根据大标题分出几个关键词来，这会更方便你日后的查找。

上课之后，你可以一边对照着预习的内容，一边跟着老师的讲课进度去走，然后随时把课堂的笔记内容记录在笔记纸张的右侧。

不管是预习笔记还是当堂笔记，你要学会速记，也就是不要用太过完整的长句或长词组，简单的字词，或者用一些你自己明白的符号就足够了。

比如，使用你熟悉的拼音缩写、英文缩写，善用数学中的“＞”“＜”“≈”“≠”等符号，“p.s.”代表备注，“e.g.”代表举例，等等。

记录笔记时，你会使用到大标题、次级标题、小标题。一个小建议，尝试不要使用可以令你分心的 1、2、3 或者 A、B、C 这样的数字或字母序号系统，选择用着重号“•”，这样其实最省事。

同时，记录的过程中要记得留下空白，比如某些概念、定理、定义、公式，这并不需要你当堂去抄写或誊录过来，你只要知道这里有需要补充的地方就好，详细的内容待到课下再去补充。

你要注意的是，如果课堂上讲解的某些内容和你的预习笔记中的内容有了重合，那就不需要再去课堂笔记中重复抄写了，只需要标注出来以加深印象就好，这能帮助你集中精力去听讲。而且因为预习时已经有了一遍印象，再听讲会使你记得更深刻，这其实也证明了你的预习效果。

也就是说，课堂笔记那一边，应该多记录你预习笔记中没有提到的内容、有错误理解的内容。这一张笔记纸综合在一起，才是你这堂课的笔记精髓。

其实，超级笔记并不仅仅是提升你的笔记能力，提升你听课的效率，在日后的复习或其他学习中，它还会因为非常好用而成为你学习的好助手。

因为你把笔记纸分成了“关键词”“预习笔记”“课堂笔记”这几部分，那么你复习的时候，就可以用纸张遮住“预习笔记”和“课堂笔记”，只露出关键词来，然后根据关键词去回忆课堂上所讲的各种知识点。当你回忆出第一个关键点时，把纸张拿开，看看预习和当堂笔记，然后对照自己的回忆看看有什么遗漏，把遗漏的地方重点复述强调记忆一下。这种方法会帮你快速地记住课堂上的知识，而且又因为内容都是精简速记的，你会记得更加明确。

超级笔记是不是一种一举多得的好方法呢？如果你被繁重的笔记所困扰，那就试试看这种超级笔记，给自己记录的过程减负，给自己记忆的过程加分。

灵活使用多种笔记形式，及时总结整理

我们所学的学科都是各具特色的，有的偏重记忆，有的偏重实操，有的需要思考，有的则需要多动口。在听课时需要根据学科的特点来选择不同的听课方式，那么相对应的，不同的学科其实也需要不同的笔记形式。

一般来说，学生要学的课程无非是文科、理科的组合，而几乎所有学生都要学的科目就是语文、数学和英语，除此之外，文科还包括政治、历史、地理，理科则包括物理、化学、生物。

先来看语文、数学、英语这三大固定科目的笔记形式。

语文，这是所有学生的基础学科，从考试内容来看，基础知识、阅读理解和作文组成了语文学习的重点内容。

关于基础知识，也就是生字、词组、造句，成语释义、病句分析、文学常识、文言字词，记笔记的时候你可以对这些内容多作关注。

关于阅读理解和作文，其实都是对文章的一种分析，老师的讲解是一方面，但更重要的是你自己的积累，要想学会阅读理解和作文，就要在平时多练习。这时读书笔记要比单纯的课堂笔记有用得多，你可以把阅读心得、感悟，以及一些好词好句都记录在一个本子上，作为复习时的助力。

数学，这门学科对于思维能力有很高的要求，如果只是单纯背过定理定义公式和解题方法，并不能学好数学，大量的练习和举一反三的思考，才是保证数学成绩有起色的关键。

所以在数学笔记上，你就要多关注老师或习题集中提到的解题思路、分析方法，要把这些内容吃透，然后再去做大量的练习。同时，“一题多解”“一法多用”“一题多变”等方面的内容，也是你要重点关注的，这会帮助你打开思路。数学学习不要死板。

数学笔记还有一个颇为重要的内容，那就是“错题集锦”，凡是出错的题都记录下来，逐一标明原因、解法，直到消灭这些知识漏洞。

英语，这是一门非母语学科，英语学习的方式就是读、听、记、写、说。因为对于所有中国人来讲，英语的学习都是从“零”开始，而且学生的英语学习，主要是入门、简单应用，所以知识点并不会很系统。那么在记笔记的时候，你就要多关注单词的词性和使用场合、短语、语法，以及一些有特殊结构的句子。而且，现在的英语学习，对于口语和听力的要求更高了，所以不要放过课堂及课下的练习机会，如果有自己表达不清、表达错误的地方，都可以在笔记中体现出来。

接下来，再看看其他的文科、理科科目。

文科的政治、历史、地理的内容，以理解记忆为主，记录笔记时就要尽量将知识归纳分类，实现条理化、系统化，方便日后的记忆。

政治的内容，是关注思想的教学，你在记笔记的时候就要紧跟老师的板书，他所提及的标题框架都是经过提炼的，会帮助你形成很清晰的知识要点与脉络。同时理论联系实际的内容也要记，因为时代性与时效性是政治的最大特点，老师在教学过程中会根据当下的时局来补充各种重要内容，所以政治课的笔记你要尽量记得详尽而又要点突出。

历史的内容，都是与时间有关联的事件、人物，所以你不妨也随着课程的发展，把笔记做成一个年代发展的笔记，并在每节课中跟着老师提炼出纲要来，也就是这一阶段历史是个什么样的主题，发生了什么，把历史事件的背景、时间、地点、人物、经过、结果、意义、影响等方面都系统地记录下来。另外，历史是延续的，同时也是有前后关联的，你也要跟着老师学会联系前后事件的关系，所以做一个时间表很有必要。

地理的内容，图表和文字相结合，做笔记的时候，除了跟着老师去记录课程框架，对图片的记忆也是很重要的，一些重要的图片，你可以参照课本试着绘制出来，绘制的过程就是你记忆的过程，直观也有效。

理科的物理、化学、生物，除了注重知识体系，还要注重操作性。这些科目在记笔记的时候，定理、公式是必须要记住的，物理的定律，化学的方程式、元素周期表，生物的结构层次等内容要引起注意。实验操作内容，包括步骤、仪器、现象、结论、失误的原因及现象等内容，都要记录下来。

笔记记录形式并不是固定的，你可以根据需要调整，选择最适合你的方式记录笔记就好。

知道了如何灵活记录笔记，你还要学会好好地整理笔记。整理笔记有一个“七步法”，分别是：

回忆。

这是整理笔记的重要前提。趁着老师刚讲过、你的笔记刚记录完，对课程来一个全面的重想，让重要的相关信息更进一步刻印在头脑中。如果有遗漏的内容，可以和同学的笔记进行比对，及时弥补。

补缺。

一堂课下来，你总会有错过的地方，那么整理笔记就是你查漏补缺的最好时机。对于笔记中出现的缺漏、省略以及你为了速记而使用的符号等地方，在回忆的基础上，你要进行弥补，让笔记逐渐具备“完整性”。

改正。

错字、错句等写错的内容，病句、不通顺、不准确等理解错的内容，要通过仔细审阅来及时改正，以免造成日后复习的困扰。尤其是一些题目中犯的错误，以及对课程内容理解上的错误，都要格外注意。

编辑。

笔记内容有先后、轻重之分，可以通过列提纲、标序号等方式，让笔记变得更有条理性。

分类。

不同的内容有不同的复习方法，在整理笔记的时候把相关内容放在一起，会使记忆更加清晰。比如，数学中的公式、化学上的方程式就可以按照类别来进行区分；还比如，语文学科中，字词句内容、背诵内容、理解内容、分析内容就可以分出好几个类别。

取舍。

笔记中如果有重复的内容，留下简单清晰易理解的部分，舍去繁琐的部分；如果有无关紧要的内容，结合课本和老师的教学内容，确定无用再舍去。

重记。

有些笔记经过补缺、纠错、编辑、分类之后，会变得比较杂乱，所以不妨在整理的同时，也进行重新抄录，使得整理后的笔记变得纲目清晰、便捷好用。但还是要注意，不要搞得太繁琐、花哨，实用性最为重要。

做好这七步，你的笔记应该会变得更清晰，日后所起的作用也会更明了。

读书笔记也是必不可少的

多读书对于自身的学习和人生发展是有好处的，但不同的人读书的结果也各有不同。

有的人读书，边读书边记笔记，对书的感悟、理解更深刻，对内容的记忆也要好得多，这些内容也会内化成他自身的精神财富，在日后为他提供必要的支持与帮助。而有的人读书，只是干巴巴地读，没有记录读书笔记的习惯，合上书便什么都不记得。

> 曾经有老师在六年级学生的班会上询问："课余时间还看书的同学，请举手。"结果班里大部分学生都把手举得高高的，满脸自豪。但老师又接着问："看过书，同时也记了读书笔记的请举手。"这下子很多同学面面相觑了，只有寥寥几个人还依旧举着手。而老师则发现，那些读书又记笔记的同学，正是班里成绩名列前茅的几个人。

由此可见，读书时是否记录了读书笔记，对于一个人的影响是毋庸置疑的。因为写读书笔记是训练阅读能力、分析理解能力、归纳能力、提炼精华能力等种种能力，以及提高写作水平、表达能力的最好方法。

所以对于读书，我们不能只关注"读"的行为，也要养成记读书笔记的好习惯。

读书笔记显然与课堂笔记不同，具体来说，读书笔记都要记哪些内容呢？

可供摘抄的内容。

美好的词句、感觉对你有启发的名人名言、觉得很有道理的人生哲理等，都可以摘抄下来。如果记忆深刻、使用得当，它们终将成为你表达上的点缀或是亮眼之处。

引发思考的内容。

因为不明白而发出的疑问、因为有感触而表达的感慨、因为受触动而想要说出口的心情，这些也是读书笔记的重要组成部分。不懂的地方会促使你想要了解更多，有感悟的地方会锻炼你的思维能力。

这些内容都会对你有所帮助，不仅帮助你提升记忆力、鉴赏力，也会为你的学习提供更多的素材，帮你打开思想的大门。

既然读书笔记如此有用，具体怎么记，我们也要好好学一学。具体来说，做读书笔记的方法有以下几种形式。

第一，写批注。

就如同我们记课堂笔记一样，读书也是可以作批注的。在书的空白处，写下你因为某段文字有感而发的话语，写下你对这段内容的理解，或者如果你有疑问，也可以标注出来，待搜索更多资料或日后翻阅时再思考。另外，有时候书中可能会出现其他书上的内容，为了能作比较或联合在一起分析，你也可以在一旁批注出来。

第二，做摘录。

书中值得学习的地方，你认为优美的词句、段落，都可以摘录下来。建议摘录的时候要做好对比，一定要保证自己摘录的内容是准确的，特别是古籍内容。尽量选择阅读正规出版社出版的图书。如果有条件，可以多几本内容来对比，以保证你摘录的是准确无误的，保证你所要学的东西是正确的。

第三，画符号。

画符号的方式可以与写批注的方式同时使用，在你觉得需要注意的地方加上你所能理解的符号，比如直线、曲线、箭头，星形、圆点、三角形，问号、叹号、着重号，等等。你最好标注一下这些符号分别代表什么意思，比如星形代表重要，叹号代表认同，并统一合理地使用，以保证之后再看时你还能明白自己当时的符号所代表的含义。

第四，制提纲。

相比较前面几种，这种方式就有些复杂了，这不仅需要你耐下心来通读全文，而且还要求你对整本书有一个大概的理解，这样你才能针对这本书的基本内容整理出几个部分，并明确每个部分都说了什么、重点是什么、中心思想是什么。不过，如果你能做到列出一个很明确的提纲，那么你筛选知识、归纳总结的能力就会在这个过程中获得提升。

第五，做手工。

剪贴。这种方式适用于阅读报纸、杂志时，看到自己感兴趣的内容，将其剪下来，贴到笔记本中。

便条与书签。将内容记录在便条上，或自己制作书签，只不过书签上记录的是读书笔记。

图表。涉及数据、时间，或是专业性比较强的书籍时，图表能够帮你更清晰地理解图书内容，只不过你也要记录准确，以免因为错误而影响记忆。

另外，有足够的经济条件、合理的时间安排、适当的用眼健康保障的前提下，你也可以选择电子书。有些阅读器具有标注笔记的功能，也可以记录读书笔记，但还是建议你自己动动笔，毕竟考试的时候用的是手写，日后对知识的使用也并不一定允许你去调取阅读器。自己动笔锻炼的是自己的记忆能力，对你还是大有好处的。

第十章

重视写作业，持续完善你的学习

● 天天都要写作业！难道学生就必须要写作业吗？

看样子你对作业有很大的怨气。

● 难道不是吗？有的作业，那些题我都已经会了，为什么还要做？有的作业，就是机械地重复，我必须要浪费时间吗？感觉好多作业都是在浪费我的时间啊！

写作业是学习过程中必须要完成的任务，是你的责任，作业做得好不好虽然不一定反映你最终的成绩，但对作业的态度却能反应你对待学习的态度。而且，做作业的目的就是让你通过不断的练习来实现对知识的熟练掌握，显然它是有重要作用的。所以，希望你能尽快改变对作业的态度，只有重视写作业，你才可能持续不断地完善你的学习。

写作业前后，请整理好你杂乱的书桌

写作业这件事，从哪里算开始呢？答案是，从整理好你杂乱的书桌开始。

这就好比你要跑步必须先进行热身，要压腿抬胳膊，小跑几步，转动各个关节，让身体的每一个零部件都变得灵活，每一条筋都不那么紧绷。待你身体都活动开了，然后你再开跑，就能保证你跑得远的同时也不会使身体受到伤害。

写作业也是同样道理，你做好准备，整理干净“操作空间”，再开始写的时候你会比较顺利。

但很多同学写作业都很随意，随便一个地方都能开始写，不能否认，如果你有足够好的注意力，以及足够坚强的意志，那么你的确是可以实现这种随时随地完成学习的行为。但是很多同学其实并没有这样好的基础，有的人要写作业，就只是把书桌上的东西往旁边一推，给自己留出足够摆放作业本、课本、文具以及自己的胳膊的位置就足够了，然后就开始写。殊不知，因为书桌上东西太多了，写不了一会儿，他可能会发现橡皮不知道被放哪里去了；也可能会突然瞟到旁边一本课外书，瞬间想起来书中的情节；还可能会被某个没吃完的零食袋吸引，开始翻找吃的。

有时候你也不要对自己集中注意力的能力太过于自信，在你抬头思考的瞬间，在你想要拿某样工具书的时候，在你遇到难题的时候，杂乱的桌面是最能带走你注意力的罪魁祸首。

做作业对于你来说很重要，它体现了你是否具有责任心，是否能跟着老师完成学业要求，是否可以做到守规矩，以及你对自己学习的重视程度。既然你要做的是这么重要的事情，那就不要随便找个地方应付了事。生活有时候也需要一些仪式感，这会让你内心有不一样的感受，所以做作业暂时不急，还是先把你的书桌清理干净吧！

你要根据即将要写的作业来选择在书桌上留存什么东西。

比如，你要写语文作业，那么字典、词典、读书笔记本、钢笔水等工具就是必需品；你要写数学作业的话，几何需要尺子、三角板、圆规等工具，计算则需要大量的演草纸；如果是写英语作业，那么英汉词典、语法书、听力工具，这些是你要保留的内容……

有人会说了，这样罗列完了，那书桌上留下的东西可还是不少啊！其实不然，罗列出来的这些东西，并不是要你从一开始就全都摆在桌子上的。你完全可以做一科作业来一次工具准备，这个间隙让你转换工具的同时，也让你得到一些休息。

除了这些，你的书桌上暂时不要有任何其他的东西，尤其是吃喝玩乐等休闲功能的东西，都要暂时远离你的视线。关于书桌、台灯、座椅，如果有条件，可以请求爸爸妈妈为你更换更健康的搭配。帮助你纠正坐姿、书写姿势的合适的桌椅，以及保护视力的台灯，会让你学得更舒适。也可以在书桌上留下闹钟，方便你安排时间，帮助你更合理地规划学习。

另外，关于与学习有关的电子产品是否要留在桌面上，这个问题需要你好好思考一下。这里只是给你一些建议。

虽然这些电子产品从广告上来看，具有“答疑解惑”“哪里不会点哪里”“难题一扫就有讲解”“随口一问就能得到答案”等一系列看上去很是便利的功能，然而，学习是你自己的事情，如果你都不能通过自己的思考、分析去获取解题的思路和答案，那么你的学习就是不走心的。你从别处毫不费力地获得了答案，省略了你思考的过程，看似你的作业都完成了，但你只追求了这个完成的结果，却完全忽略了做作业的目的。

作业是对你所学知识的检验，你要通过自己的理解思考去解开题目，这才意味着你对知识的掌握。否则，到了考场上可不会有“哪里不会点哪里”的外来物予以你帮助。如果你不能靠自己完成这些该做的事情，那么你的学业终将陷入一塌糊涂。

当然，我们不能否认这些仪器的确是便利的，它强大的搜索和解答功能，会让你更快地获取想要的知识内容。只不过，希望你不要过分依赖它，可以参考，可以由它给你的提示去自己分析思考，一定要有你自己主动学习的行为出现，你所学的知识内容才会最终化为你自己的财富。所以，要不要留着它，就看你自己的选择了。

总之，书桌就是你学习的主战场，做作业就是你在这个主战场上努力奋斗的一场战役，所以要好好对待这个战场，让它能为你的每一次战役提供良好的后备环境，保证你的每一次胜利。

认识好好完成作业的若干要求，与自己“签约”

签约，简单理解就是签订约定，签约的双方会形成事实上的一种约束关系，对于已经签订的约定，都有履行的责任。从某种角度来说，签约是一种非常有效的约束，尤其是对一些非常重要的事情，合法签约既是一种监督，也是一种保护。

那么签约与你的学习之间有什么样的关系呢？你其实也可以与自己“签约”。因为对于现在的你来说，学习是非常重要的事情，但是你可能定力不足，对自己的要求也没那么严格，于是很多情况下你可能会放纵自己，比如写作业的时候。

很多同学对作业都带有一种轻视的心理，认为它不过就是“老师留的任务”“用来应付家长和老师用的”“可以拿来当成‘正在学习’的借口”，而且因为不会有成绩、排名，只是自己的练习，所以“抄一抄也无所谓”，更有甚者把“每天抄作业”当成是学习的常态，不以为然。

但是作业的重要性不言而喻，你以敷衍之心对待它，它就会让你在知识掌握、知识运用等方面变得越来越脆弱，会让你的学习变成一知半解甚至是完全不懂。也就是你没有约束自我，就会受到学习的惩罚。

所以，有时候你也要对自己严格一些，最起码在做作业这方面，就可以和自己签订一个相对来说比较严格的约定。

那么这个约定都包括哪些要求呢？

第一，准备阶段。

完整且准确无误地记下老师所留的每一项作业；

在书桌上准备好作业时要用到的工具；

“温柔”对待作业本，保持作业本的整洁，尽量做到不卷边、不撕破；

罗列写作业的计划，内容包括时间分配、内容分配，等等。

第二，作业过程。

能够独立自主地完成作业，不依靠父母及电子产品的帮忙，不抄袭作业，不在网上求答案，更不会进行“代写作业”方面的交易；

可以在约定时间里开始作业，合理安排时间，不拖拖拉拉；

能够在固定的地点写作业，可以坐得住；

掌握正确的坐姿、握笔姿势、书写姿势，养成良好的用眼习惯；

可以实现专心致志 20～30 分钟完成作业；

能够自主理解作业要求，做到先审题后动笔，不盲目，不随意；

对于难题有自主思考的意愿和行为，知道怎样翻阅资料和向他人求助，也知道求助到什么程度就可以继续自己努力，不过分依赖他人和电子产品；

认真对待所有学科的内容，哪怕是感觉枯燥的、不喜欢的科目，也能保证作业的完成质量和速度。

第三，作业结果。

可以实现“今日事今日毕”，能够在时间安排内完成当天所有老师布置的所有作业；

作业要字迹工整、干净整洁，没有过多的涂抹修改痕迹，尽量保持作业本不被油墨、钢笔水、铅笔印、水渍等污染；

可以自己进行作业的检查，并及时修改错误，尽量保证准确率；

对老师的批改有正确的态度，能够及时纠正问题，并重新掌握所学内容；

完成作业后，可以主动收拾好书桌，整理并装好作业本，保证不遗漏；

对于背诵、动手操作、家长配合等作业能够真的去行动，而不是以欺骗的心理蒙混过关。

虽然一眼看上去，这约定的要求好像非常多，但其实你也并不是真的表现那么差，所以你在制订签约内容的时候，可以先好好检查一下自己，看看哪些地方自己做到了，哪些地方的确是没做到。在制定约定时，可以重点关注没做到的内容，提醒自己要记得改正。

而且，看似约定内容分出了那么多条，其实很多内容彼此相通，你做好了一点，其他点也会跟着一起有好的表现。重要的是你要对自己有约束之心，有想要变好的意愿，这样你才会更主动地去履行这些约定。

当然为了让这约定看起来更有仪式感，也就是更能触动你内心，你也可以给自己搞一个“签约”仪式，制作一个“契约书”，请爸爸妈妈作为你签约的另一方，让他们帮你监督，促使你更快地实现好好做作业、正确对待学习这个目标。

比如，你可以和爸爸妈妈签订这样一个行为契约书。

内容包括：契约的有效持续日期，契约的主要内容，你需要完成的作业任务，奖惩措施，等等。如“我是 ××（自己的姓名），我制定了认真写作业的契约书，请爸爸妈妈进行监督，我愿意在上述日期内完成作业任务……”

然后你和爸爸妈妈都签上名字，意味着契约生效。把这份契约贴在家里醒目的位置，时刻提醒你要注意好好做作业。假以时日，当你逐渐进入习惯养成的正轨时，你的表现一定会越来越好。

“先复习再写”确实是个好窍门

准备写作业了，两位同学分别有两种不同的表现：

甲同学是这样做的：

他直接掏出作业本，翻到课本布置了作业的页码处，然后对照题目立刻开始写了起来。只不过写了没多久，他就发现例题要用的公式没记住，他就开始翻回到当天课程讲到的地方，又去记忆了一遍公式，然后才继续；又写了没多久，感觉对课程内容不太理解，又返回去重新看了看，想了想老师当时讲课是怎么讲的，然后才犹犹豫豫地下了笔。

就这样，写完了一科作业之后他马上又打开了另一科的作业本，根本没看是哪一科，只是知道这科作业也需要做，接着他就直接看了题迅速地写了起来，可没多久就又出现了前一科作业的情况。

整个做作业的过程，他都要不停地翻书，不停地回忆，没过多久，他就觉得很是疲劳。

乙同学是这样做的：

虽然他也很快掏出了作业本，但他没有立刻开始做，而是翻阅课本和笔记本，先把当天学过的知识内容又浏览了一遍，把需要记忆的地方又重新记了一遍，然后才开始进入写作业时间。而整个写作业的过程中，他都没有再去回看课本内容，全凭着自己的记忆、理解和思考，顺利完成了作业。

等到换下一科作业后，他也同样没急着去写，依旧是重新看一遍，让头脑得到喘息，并及时对信息进行转换，等到再继续时，他也一样很顺利地做了下去。

整个写作业的过程他并不劳累，这是因为合理的科目安排，让他能在枯燥和兴趣中转换，因此他并不觉得疲劳。

这是我们平时常见的两种做作业的“模式”，甲同学是“毫不犹豫地直接执行”，乙同学则是“深思熟虑后再动手”。

但显然，甲同学的作业完成过程是“痛苦”的，就好像开车，他一开始给自己加满了油，想要飞快地跑出去，可是开了没多久才发现没检查车胎，结果车胎出了问题，他不得不停下车来去检查、更换，好不容易换好了继续开跑，哪知道散热器又出了毛病，他不得不继续下车去检查维修，正所谓“一鼓作气，再而衰，三而竭”。这么三番几次地折腾，整个做作业的过程磕磕绊绊，这足够打击他的写作业热情，而且因为没有充足的准备，作业的完成度也并不好。

而乙同学则因为有了提前的复习，扫清了各种障碍，这让他的头脑是清晰顺畅的，做作业也刚好起到了检验学习效果的作用，顺利完成作业的同时也实现了对知识的掌握，这种做作业的过程当然是轻松又收获满满了。

你是哪一种做作业的模式呢？如果你是乙同学的模式，那么恭喜你，你对待自己的学习有很清醒的认知，并掌握了正确的学习方法；但如果你是甲同学的模式，那你可就要重新学习一下了，对于做作业这件事，先复习再写，的确是一个好窍门。

首先你不要着急。

有人想要赶紧写完赶紧没事，可事情总要一步步进行才可能进行得下去，没有充足的准备，事情总会在你意想不到的时候出现卡壳。

所以，你要在开始写作业之前，先有复习的意识。因为做作业并不是让你对照课本内容照搬、抄写，它的目的是让你能够凭借自己的思考理解来完成相应的题目，借此来检验你对知识的掌握程度。所以先别只依靠自己头脑中大概的记忆就去动笔，复习几分钟并不耽误你的速度。

接下来就是复习。

要好好翻翻当堂所讲的内容，有需要记忆背诵的就一并记好，如果有涉及前面已经学过的内容，也要一并进行复习。课本和笔记本都要翻到，唤醒你对课堂的回忆，把需要记住的、理解的、思考的内容都在头脑中过一遍。遇到难点、要点，更要多看几遍，争取做到合上书和笔记本，也能很好地把内容理顺。

最后是完成作业。

复习过后，再开始写作业，要做到不去翻书来完成作业。如果有实在做不出来的题目，标记下来，在完成全部作业之后，再重新进行回忆思考，或者是“场外”求助。

“先复习再写”这个过程，会在复习的过程耗费时间，这时你要注意，头脑中应该绷着一根弦，“我复习是为了后面好好写作业，而不是单纯地耗时间”。之所以要提这样一个要求，是因为有的同学一旦进入复习时间，就好像开启了“慢动作”，他会以“我需要好好复习才能开始写作业”为理由，出现浪费时间的行为。

所以，严格要求自己是很有必要的，你写作业的时间就那么多，复习占用了一部分，一旦复习好了，就要赶紧投入写作业之中。毕竟，复习是为了写作业，可不要浪费时间哦！

把“粗心”从自己的“词典”中去掉

“我就只是粗心而已”，这是很多同学在作业出错、考试成绩不好的时候会用到的一类借口。在很多人看来，粗心似乎是所有错误中最轻的一种，因为从字面来理解的话，粗心并不意味着不会，可能是“会，但没有认真”才导致的错误，也可能是“没有仔细看，才导致看错了题”。而要解决粗心似乎也非常简单，只要提醒自己认真起来就可以了。

但粗心哪里是这么简单的问题呢？

实际上，如果你总是粗心，那就不只是认真细心就能解决问题了，你是对学习的根本认知出了问题，这反映了你的“不求甚解”。也就是说，如果你在整个学习过程中，通过预习、听讲、复习、作业等种种环节实现对知识的学习，原则上来讲，你应掌握了100%的知识。但是实际上，你在每个环节都不认真对待，导致你出现“一知半解”“了解大概”的情况。要说你不会吧，有些题你也能做得出来；但要说你完全会了吧，可是题目变化之后或者换一种形式表达以及再深刻地追问一下，你就又不会做了。

所以，粗心绝对不是小事！你应该把“粗心”这个词从你的字典里去掉，没有什么理由让你粗心，从对待作业开始，你就要始终认真细心。

第一，正确认识各种错误。

粗心并不是所有错误的通用名称，如果你犯了错误，最好是正视它，并直击它的根源，给它归属正确的性质，这有助于你更快纠正错误。

比如，你发现数学作业题中总是出现用错公式的现象，乍看上去是粗心，但实际上可能是你对公式的使用并不了解，也就是并没有吃透公式本身的特性以及使用条件，与其总抱怨自己为什么又粗心，还不如赶紧返回去重新学习一下公式，好好思考公式的使用条件。如果有不懂的地方赶紧求助，让自己彻底摆脱这个问题；

还比如，你的语文作业总是有题意领会错误的情况，如最简单的“找不同”你做成了“找相同”，这同样不是简单的粗心，而是你的阅读理解能力还有待提升。你倒不如多做一些阅读理解题，多练习提炼中心思想，多练习语句的理解分析，让自己首先能看懂题，然后再会做题。

你不能给你犯下的所有错误直接扣上“粗心”的帽子，直面它们原本的分类，不要觉得不好意思，一定要尽早通过自我思考、找老师或同学帮忙，来解决这些问题。

第二，建立“错题集锦”。

对付所谓的“粗心”的最好方法，就是建立一个“错题集锦”，把你做错的作业、考试题目都整合在本子里。每一道错题，你要去分析错误的原因，是概念不清、定理不理解，还是公式没记住、不知道应该用什么公式，又或者是干脆一些就是没学会。明确错误原因，才能做到有的放矢。

你要把错误的原因标注在错题旁边，并把相应的知识内容也一并标注上，方便自己日后查阅，同时也给自己提个醒，“这个地方容易犯错”，以免自己再犯。之后，你还要把正确的解法或答案写在下面，也可以通过正确的解法或答案去反推这道题到底都用到了哪些知识内容，并且还要多进行思考，对题目进行举一反三的处理，保证再遇到这类题时不会再犯。

第三，训练自己的专注能力。

如果说 90% 的“粗心”其实都是其他的错误，那么剩下的那 10%，就真的是你不细心导致的了。比如少个小数点，造句少写一个字，单词有两个字母顺序写反了，等等。对于这样的真正粗心的错误，你要检查自己平时的生活习惯，因为学习上的粗心并不是偶然的，一定是你生活上的习惯产生了负面影响。

所以，要纠正学习上的粗心，你需要从各种渠道来训练自己的专注力，戒掉生活上的粗心，学习上的粗心自然也就有所改观。你可以参考前面提到的各种训练专注力的方法，选择适合自己需求的，并且自己也力所能及的，及时训练，尽早改正。

把作业当成一天中的考试来对待

说到考试，你内心多少都会有点紧张，因为考试需要你远离所有可以给你提供帮助的工具，在一定的时间限定和监督之下，凭借自己的记忆、思考、分析、理解，来完成所有知识内容的考查，最终老师会根据你的答题情况给出一个分数来，根据这分数，你就可以对自己的学习情况有一个大致的判断。总体来看，考试的氛围是紧张的，等待考试结果的过程也同样是紧张的，所以很多人才会对考试这么重视。

可是说到作业，你的内心是不是就感觉立刻放松下来了呢？因为作业没有人监督，允许你翻书、翻阅资料，你也可以求助，且没有时间限定，作业的结果你也有改正的余地，不会有分数或其他要求。

也正是这种很轻松的状态，才让有些同学对作业并不重视，随随便便应付一下就算了，结果作业做不好，待到了真正的考试时，他就吃了大亏。

但实际上，从某种角度来看，作业也可以被归类为考试的范畴之中。

考试需要独立自主完成，作业也同样如此；

考试需要合上书认真思考，正确的做作业方式也是如此；

考试是对一段时间学习成果的检验，作业其实也是对当天学习内容的检验。

如果你能拿出应对考试的态度来应对做作业，相信你会养成更为严谨的写作业习惯，那么你的学习成绩也将大有起色。

那么，每天都要进行一次的“考试”，应该怎么做呢？

第一，准备。

作业前的准备分为三部分：第一部分是生理准备，包括喝水、吃东西、上厕所，这些都要在开始写作业之前做完，一旦开始写作业，就尽量不要再有这些行为出现了。因为考试的时候并不允许你吃喝，上厕所也有严格限定。第二部分则是物理准备，前面提到过的桌面准备，就是让你把学习需要的各种用具准备好。第三部分是心理准备，写作业之前你可能在做很多事，比如疯玩回来、看电视回来，要让自己尽快安静下来，深呼吸，在头脑中反复提醒自己“我要开始做作业了”，不要胡思乱想。

准备的时间不要太久，不要为磨蹭、拖延找借口，要在第一时间就让自己紧张起来，逐步培养自己对学习的重视。

第二，复习。

先复习再写作业，这是一个非常好的习惯，参照前面提到的方法，要尽量做到这一点。

这个复习你要真的重视起来，不是只有最终期末考试之前的复习才叫复习，当你每天做作业前都能把当天所学认真复习之后，经过一段时间你会发现，你对这些内容的掌握会变得牢靠，而等到最终总复习的时候，你也能表现得更加轻松。

第三，守时。

准确估计自己的能力，然后预计一下写完作业的时间，设定一个时限，利用好闹表，然后开始进入写作业时间。

在这个过程中，要做到不翻书、不间断、不受干扰，认认真真地只做写作业这一件事。即便遇到了不会的问题，也要像对待考试题目一样，先行跳过，要保证作业总体的完成度，同时也保证写作业的时间。

不要拖延，不能说闹钟响了发现没写完，就继续写下去，那这样的考试模拟就没有意义了。限定好的时间要遵守，哪怕没人监督也要自己约束自己。如果没写完，那就意味着自己对时间的安排有问题，争取在下次改正。

你可以看看自己在限定时间内完成了多少作业，然后再记录一次时间，把当时没完成的一并完成，两个时间相加看看你一共用了多久。对自己要求严格一点，限定下次写作业时能够更集中精力，多完成一些，直到你能保证在限定时间内彻底完成所有作业。

第四，订正。

“考试”结束，会有改正时间，你可以检查自己是不是出了错，错在哪里，应该怎样去纠正和弥补漏洞。这些内容在下一节你会看到更为详细的讲解。

第五，预习。

考试意味着上一阶段的结束，并预示着下一阶段的开始，所以只考完试还不够，你还要有预习的动作。

你要在完成作业的基础上去预习，针对新内容中的旧内容，再进行一次回忆思考，想想旧内容是如何联系到新内容的，然后罗列预习笔记，为下一次的学习打好基础。

写完不是真“完”，不要忘了认真去检查

作业写完了，这的确是让人感到轻松的结果，有的同学可能也就真的就此放松下来，用最快的速度收拾好东西，然后就放心去做别的事情了。至于说作业是不是有问题，是不是真的全都写完了，那早就不在他的考虑范围之内了，甚至有的同学这样讲，“反正作业都要由老师批改，我就不用多那道工序了”。

但是，作业只是“写完”，并不能算是真正的完成，写完只代表你把应该写的内容写完了，却并没有保证正确、合理、工整、符合要求。

检验一份作业是否完成的真正标准，应该建立在作业之后的检查结果之上。如果你经过自己的努力终于完成了“写”作业这个行为，那么恭喜你，你离胜利只差一步了，而经过认真检查之后，如果有问题及时修改，或者如果没问题实现了准确无误，才代表你的作业真正完成。

检查作业也是一个严谨、重要的过程。

首先，你要有认真重视的态度。

检查作业并不是走过场，有的同学在作业刚写完时，就会立刻精神懈怠，检查便也只是简单地扫过去，自我感觉良好就算了，这样走过场式的检查根本没有意义。

你要重视作业后的检查，这会帮你找到自己的问题，不论是书写问题还是解题方法，都可能影响到你的作业质量。你越是认真对待，就越能更早发现问

题，寻找到解决方案。

而且，检查实际上也是一种学习行为。检查就是为了不检查，看似矛盾，其实就是在培养你严谨的学习习惯。

接下来，你要核对每一道题目。

检查开始时，你要像对待一道新题目一样去检查每一道题。

从检查字迹开始，看看自己的书写是否认真，字迹是不是清晰可辨，有没有频繁涂改的痕迹，有没有抄错、写错的情况；接着就是审题，重新阅读一遍题目，回忆你做题时是不是和你现在的审题结果一样；然后把每一步解答或演算都认真看过去，在脑子里分析这样的发展是否正确，过程中你还要看看自己有没有遗漏什么、写错什么，如果是计算题，要对计算结果进行演算，如果是文字解答题，则要对文字内容认真阅读，察看通顺与否。

这一步的核对是最重要的内容，决定着你是不是需要订正甚至于重写。如果真的出现了很严重的错误，那你就不得不重新誊抄一遍，但至少避免了你在第二天因为作业错误而受到老师的教育。

再然后，你要总结经验。

如前所说，当你发现了错误，你要多想一想自己为什么会犯这样的错误，尤其是像出现不得不重新抄写一遍的错误，你更要多加注意，改正错误的同时，总结教训，争取下次作业不再出现这样的错误。

你还要看看自己写作业的时间、速度，写作业时的心理变化、情绪变化，以便于在日后及时调整，保证自己能够安心顺畅地写完作业。

最后，你要再确认一遍你的作业是否完整。

这最后一遍确认是很有必要的，因为有的同学认认真真地写完了自以为完整的作业，但其实书页翻过去之后背面还有题目，如果想不起来再确认，他的作业就相当于没有写完。所以你要再对照记录下来的作业要求，确认是不是把所有作业都完成了。尤其是一些并不需要动笔的背诵、小实验等作业，很容易被混过去。这种确认，能够帮助你把错过的、遗漏的作业弥补齐全。

重视老师的批改，正确对待错题、难题

作业本交上去之后，负责任的老师会对每本作业进行批改，通过作业的完成度、正确程度来判断学生对知识的掌握程度，有的老师还会在一些特别的地方加上批语，或是鼓励，或是提醒，或是要求。而学生在拿回作业本之后，通过老师对作业的评判，也能及时发现自己的问题，对照批语还可以及时改正问题或稳固信心进一步提升自我。

老师每天要面对众多学生，事务繁多，可以说作业本成了老师与学生关于学习方面最直接的交流平台。学生会把自己学习的情况反映在作业中，比如，从题目的正确率来反映是否学会，从字迹的工整程度来反映是否耐心认真，从作业的完成度来反映是否细心严谨，等等。而老师则对这些情况进行反馈，流畅的对勾、恰当的批语，都是老师与学生的直接性交流，不是笼统的“你们要好好学习”，而是专门针对每一个学生所发出来的更有针对性的指导。

从这角度来讲，老师留在作业本上的批改，对你的学习发展非常重要，你会发现这种交流其实对你真是益处良多，因此你何不安心享受这份益处，让自己变得更好呢？你只需要重视起老师的批改就可以了。

第一，尊重老师的劳动成果。

有的同学发下作业本之后只确定自己是不是全对，如果全对，就再也不管了；如果有错，当下就改，或者照着别人正确的抄一遍，至于老师写了什么，他并不在乎。这其实就是对老师劳动成果的不尊重，不够尊重自然也就不去重视，而不重视的结果，就是你依然不知道自己学习到了一个怎样的程度，不知道自己还能在哪些方面有所改进。

尊师是一项传统美德，也是学校中反复强调和培养的美德。你对待作业本、对待作业本上老师的批语的态度，反映了你是否具备这一美德。

第二，接纳错误与问题。

有一部分同学有这样一种心理，他最喜欢看到作业全对的结局，一旦出了错，他会有一种很想逃避却又不得不改的感受，所以面对错题，他是带着一种敷衍、逃避的心理，会想着“赶紧改了，让错题远离我的视线”。

不能正视错误就不能真正改正错误，不能正视问题也就不能发现问题。你倒不如换一种想法，作业本上出现错误，这真是太好了！毕竟，这总好过在试卷上出现错误，试卷的分数不会有改动，可是作业本却是可以改的，作业本上见到错误并改正，就会帮助你在试卷上不再犯错，这不刚好符合了你“不要让错题出现在我眼前”的想法吗?

第三，对老师的批改进行认真的分析。

对于作业中的问题，老师可能会打个问号，写上几个字，或者直接标明你错的地方。当老师给你指出问题所在时，你最好想一想：你为什么犯错?是概念不清、计算出错，还是看错了题目，又或者是其实你根本就没学会?你应该按照老师的指导，比如可能批语说“再看看例题”，好好把知识漏洞弥补上，从而加深对这些知识的印象。

另外，老师有时候会在作业最后写上几个字或一句简短的话，你也要看一看，其实来自老师的鼓励、指点、建议都是很宝贵的，因为这是单独针对你个人特点的指导，是来自老师的教诲，这对于你的学习发展其实颇有益处。

第四，把作业中的错题、难题总结出来。

作业本经过老师批改，你会留存很多的错题、难题，你需要对这样的题目进行总结，从中找出你犯错的原因、规律，帮助你在日后学习、考试过程中规避再犯的可能性。

所以建议你准备一个错题本，或者你也可以分得再细一些，再准备一个难题本。

错题本用来记录所有你出了错的题目，按照出错原因进行分类，比如概念错误、理解错误、计算错误、审题错误、解题错误等，同时把每一题出错的地方标出来，写上正确的分析过程或者老师的讲解，以及不同的解题方法，还有就是从哪里去加固或弥补这类知识。

难题本用来记录你的能力水平之上的难题，你只要记录自己能力所理解的难题就好，因为这些困难对你来说都是学习上的障碍，只有跨过这些障碍，你自己才能继续前行。在难题本中，你要记录难题的种类、做题思路、分析过程，以及解题的方法和技巧。你要总结难题的类型，当积累越来越多，你就会因为见得多了而不再惧怕难题，并能从自己的经验积累中找到解题的正确方法。

第十一章

加强课后复习，让你变身“学霸”

● 其实，我从内心里也是很羡慕“学霸”的，他们好像有神相助一样。

人虽然需要他人的帮助，但总体而言，还是自己的努力最重要，所以那些“学霸”，没有一个是不努力的。

● 看“学霸们”上课也就是那样子，要说努力，那他们到底是做了什么神奇的事情才让自己的学习成绩跟“开了挂”一般呢？

他们的优势就在于课后复习。学习的起点，你们都是相同的，如果你感觉他们比你学得好，那他们一定是在复习中下了功夫。因为只有经过复习，所学的知识才能真正变成属于自己的内容，显然这些“学霸”都通过合理有效的复习，学会了知识，并提升了自我。所以由此看来，如果你能够加强课后复习，那么你离成为“学霸”的目标也就不远了。

对学过的知识要及时复习巩固

德国心理学家赫尔曼·艾宾浩斯经过研究发现，人类大脑对新事物存在一个遗忘规律，而遗忘在学习之后就立刻开始了，最初遗忘的速度非常快，之后便逐渐缓慢。艾宾浩斯用无意义的音节作为记忆的材料，经过实验，将结果绘制成了一个描述遗忘进程曲线，这就是著名的艾宾浩斯记忆遗忘曲线。

艾宾浩斯的实验结果如果用表格来表示的话，呈现这样的内容：

时间间隔	记忆量
刚记完	100%
20 分钟后	58.2%
1 小时后	44.2%
8～9 小时后	35.8%
1 天后	33.7%
2 天后	27.8%
6 天后	25.4%

从这个表格我们可以很清晰地发现，你所学的内容，如果没有通过记忆巩固，那么一天过后，你所记得的东西就只剩下所有内容的 1/3 了。所以艾宾浩

斯遗忘曲线提醒我们，一定要及时复习学过的知识，以巩固头脑中的印象。

很多人错误地认为，“复习就是学期末才做的事情”，是“考试前才需要做的事情”，但现实却是，凡是只在期末临时抱佛脚的同学，考试成绩都不会很稳定，也许侥幸能考好，但多半成绩都不会太理想，就是完全看运气。

而真正被称为学霸的同学，那些成绩很稳定地处在前茅的同学，他们都很有自己的一套复习方法，最有效的一个就是及时复习。

及时复习有什么效果呢？有一个学习成绩很棒的孩子这样告诉老师：

> 因为平时学完之后就及时复习，所以在考试之前，我已经对自己的能力有了一个非常明确的了解，哪里掌握得还不太牢固，哪里是老师强调的重点、难点，哪里自己已经做到滚瓜烂熟，我很清楚自己要在哪里使力，基本不用浪费太多的精力和时间，我就可以把一个学期所学的内容都复习完。而且因为平时一直在复习，所以也根本不会因为期末了就觉得太过紧张，被我自己牢牢抓住的那些知识成了我“心安理得”应对考试的资本。

这位同学的状态，用毛泽东主席当年的一首小诗来形容，真是再贴切不过，正所谓，“手里有粮，心里不慌。脚踏实地，喜气洋洋”。

及时复习，你就一直处在一种积累的状态，你总是有知识储备在的，所以当然不慌，而及时复习又保证了你每天都在努力学习，这种脚踏实地的前进，人自然也会表现得“成竹在胸”。

说了这么多，及时复习，要做些什么呢？

首先，安排合适的时间。

及时复习，“及时”是前提，根据遗忘曲线的规律，建议你当天的学习内容，最好能在当天就进行复习，最晚也不要超过两天。

每天晚上，你可以拿出十几分钟来，对刚学完的知识内容进行复习。你不需要一下子把所有内容都看完，可以分几次，也就是把难点分散开，让你的脑神经可以在休息一段时间之后再接受刺激，避免了疲劳。比如某一知识点需要你耗费两个小时去复习，那么你不如在 5 天之内把它复习完，每天复习 20 多分钟，这种方法对于那些需要加深理解、灵活运用的知识有更好的效果。

其次，选择合适的复习内容。

有的同学知道要复习，但却不知道自己应该去复习什么内容，结果就只是在浪费时间。

你应该根据当天的所学来安排复习的内容，比如你今天学了语文、数学、英语和历史课，你可以看看每堂课都讲了什么新知识点，结合课堂笔记，看看老师在哪里着重强调过，哪里是难点，哪里你还不算很理解。这些内容就是你复习的内容。至于说老师讲了什么笑话，课本里有什么新奇的故事，这些你则要能省就省，不要把注意力放在无关紧要的地方。

再次，采用恰当的复习方法。

不同科目的复习各有侧重，文科类的复习注重朗读、背诵、书写，理科类的复习除了同样的记忆之外，还侧重练习、动手操作、逻辑思维。

不同的内容对复习的要求也不一样。连贯性强的内容要求你复习时要实现前后联系，比如英语、语文科目的语法规则，你可以进行集中复习；比较分散的内容就可以分散开来，像是单词就可以每天记一点；思考性较强的内容比如理科的各种习题，你就要多加练习。

最后，运用一些复习技巧。

复习不只是一遍遍看、一遍遍做题，这样太枯燥了，复习也是有技巧的。

比如，你可以使用提纲法来牵引某一系列的知识内容，像数学的公式，从第一章学了什么公式开始回忆，然后回想每学到新一章都加入了什么新的公式，以及它们的使用条件；你也可以画树状图来拓展知识点，从第一个知识点拓展到每一个细枝末节；还可以画表格来填空，看看在某个知识点下你都记得什么内容；等等。

学习过程中你也要勤加思考，要有总结归纳的意识，及时发现知识之间的规律，让自己的复习变得轻松而又有效。

一日复习的3个重要步骤

所谓“一日复习”，“趁热打铁”这个词是对它最好的形容。顾名思义，一日复习就是每天都要进行的复习，把当天学过的内容好好捋一遍，实现“今日事今日毕”，你要养成天天复习的好习惯。

不过在有些同学看来，一日复习是一件很麻烦的事情。因为每天所学的内容并不算多，比如数学可能只讲了一个公式，语文只讲了半篇文章，英语也就那么几个单词和句子，一遍看过去也就算了，还当真地拿时间出来去复习？感觉自己可以“分分钟搞定”。

可就是这种“这个太简单了不需要着急复习”的心理，却会让你变得懈怠起来，今天的内容不着急，明天的内容不复习，日积月累的不一定都是好习惯，坏习惯也同样发展得悄无声息却又不容忽视。考试前你再去复习的时候，会发现这些原本你以为简单的知识点已经变成了庞大却杂乱的“杂物堆”，你想要系统，它们却分崩离析；你想要清晰，它们却躲在不知道什么角落。想想看，到这时候的复习，对你还有什么作用吗？

一日复习其实是最轻松的复习方式，你不过就是把当天讲过的内容复习一遍而已，并不需要耗费多久的时间，也不需要你来回翻书本。如果从一开始你就能专心投入到这样的复习中，那么每天你都能保证自己的所学是扎实的，也就不会存在“之前知识点学得不牢固”的情况。而日复一日下来，这些积累就会成为你应对考试的最强有力的资本。

既然一日复习这么有效，你不妨试着培养自己的习惯。一般来说，一日复习包括 3 个重要的步骤，你可以从这 3 步来入手。

第一步：过“电影”。

看完电影后，那些生动有趣的情节、令人印象深刻的台词，可能都会在你头脑中再重新过一遍，如果多看几遍，你甚至可以背得出电影的情节发展。其实每天上课的过程，你也可以把它们当成是一个个小电影。

课后就把老师上课的过程、内容，以及你的表现、同学的表现都过一遍，然后回忆一下：

今天老师都讲了哪些内容？

提到了哪些重点或难点？

我有没有提问题或回答问题？

同学们都讨论了什么问题？

老师对内容有怎样的总结？

我已经解决了哪些问题？

我现在还有什么不懂的地方？

……

当你能够把当天课堂的情形再现时，你就可以检查自己当天听课的效果，会更容易发现自己的漏洞，比如当你回忆不起来某个知识点时，就是你立刻去翻书查笔记的时刻，这无形中也促使你把那些你没记住的内容当成重点来看待。

第二步：读书本。

那些学习成绩好的同学，他们的课本多半都没法保持原本干净平整的样子，反倒是那些不怎么看书的同学，到了期末，课本也还和新书没什么两样。

所以，复习的一个最大的动作，就是去翻书本。

一日复习时，把教科书上当天讲过的内容从头至尾好好翻一翻，再读一读课本内容，回忆一下老师的分析，或者看一看记在书本空白处的一些点睛之笔。对于理科内容，就把定理、定义、公式、概念、结论好好记忆一下，课本的例题再揣摩一下，多动笔练一练；对于文科内容，则好好读一读文章，去进行阅读理解，进行归纳总结，寻找文中的关键点。

第三步：理笔记。

笔记是你一日复习中重要的一环，你应该保证每天都对笔记进行整理，因为课堂之上的40多分钟里，你能够完整地保存下一份笔记的可能性很小，一些零散的、被你遗漏的、没来得及记全的内容，都等着你去把它们逐步完善。日后再复习时，完善的笔记内容才是你打破一个又一个学习坚冰的关键所在。

所以，你要及时弥补遗漏的地方，通过翻书或者从同学那里去获取，也就是要保证笔记的完整性；也要及时更正当时情急写错的地方，或者没注意就歪了笔勾错的地方，即保证笔记的准确性；还要对自己的疑问、心得、感受、见解有补充，因为你根据自己的能力总结出来的内容，往往要比教科书或笔记上的内容更有被你记住的可能，这些内容更符合你的喜好和特点，会让你记忆深刻。

周复习的重点与月复习、考前复习的方法

经历过了一日复习的积累，你打好了复习的基础，接下来，你还需要用周复习、月复习以及考前复习来实现更系统的复习，让这一学期的知识彻底成为你的东西，使你可以轻松应对各种考试。

之所以还要有周复习、月复习，是因为你的学习是与日俱增的。虽然每天复习能够尽量保证你不会遗漏知识，但随着知识越来越多，你也需要将它们完整化、条理化，让它们成系统，也方便你条理清晰地去理解记忆。所以，一周一次小的总复习，一月一次较大的总复习，也是复习中不可或缺的两部分。

你可以用周复习来查漏补缺，用月复习来理清脉络。

周复习。

学习一周之后，利用周末时间把这一周的学习内容从头至尾再复习一遍，就是周复习。

在一周的前 5 天中，你认认真真学习了很多知识，不过像生病缺课、琐事缠身、情绪影响等很多因素可能导致你所学并不完整。利用周末时间重新复习一遍上周学过的内容，及时查漏补缺，既可以保证基础知识被加固，也可以给下一周的学习铺好路。

可以按照这一周课程的安排去分别回忆这一周里所有的知识点，一边翻书，一边回忆，确定那些已经被你熟练掌握的知识点，可以把它们暂时放进

“安全区”，也就是少安排一些时间；寻找那些你一周时间还没有完全弄明白的地方，那就多花一些时间，直到把这些内容弄明白。也就是说，把不懂的地方弄明白，把遗漏的地方补起来，才是周复习的重点。

月复习。

经历过三四周的学习之后，你就要迎来一次月复习。月复习的目的是把之前一个月左右所学到的那些零散的知识理顺，进行归纳分类，列出条理，初步开始形成系统，为最终的总复习做好准备。

一个月一梳理知识体系，因为内容足够多，所以让你觉得有东西可理顺，但也不会太多，使你不至于太过疲劳。拥有成就感的同时，系统地整理知识也会让你的头脑变得更加清晰。

月复习时，你需要把这一个月内你的学习内容都摆出来，关注知识点之间的前后联系，尤其是理科内容，前面的公式定理很有可能就是后面公式定理的前提或条件，后面的公式定理也可能就是前面公式定理的进一步拓展，寻找它们彼此的联系，会帮助你更好地理解和解答题目。

当你经历过一次次的周复习、几次月复习之后，你终将迎来学期末的重头戏——总复习，也就是考前复习。

到了这个时候，很多同学就开始陷入焦躁之中了。比如，有的同学此时开始了疲劳作战，没日没夜地翻书背诵；有的同学又开始了题海战术，手不停笔，只顾着做题；还有的同学秉承着“临阵磨枪，不快也光”的理念，不拖到最后一刻不下手。这些复习方式，要么太过疲劳，要么没有章法。考前的总复习，你应该统筹安排。

第一步，立足教材。

不管是什么样的考试，都脱离不开教材，你复习的首要重点，就是去翻课本。从头至尾，或者是从某个阶段的头到尾，你都要先关注教材。

在翻阅教材的过程中，你可以同步进行回忆，记住那些该背诵的、该记忆的东西，再看看自己还有哪里存在漏洞。翻阅教材，不只是课程的章节主内容要看，课后题、延伸阅读等内容也要看，这些都可能是出题的源头。

第二步，从错入手。

复习的内容很多，建议你从错误入手。你要对自己有信心，已经记住了的东西短时间是不会那么容易忘记的，至少到考试的时候你不管怎样都记得。

而那些你犯下的错误，就包含着你很多的问题，粗心也好，不太懂也罢，犯错就意味着你在这一块存在漏洞，多补一补漏洞会让你成功的概率更大一些。这时就要翻出你的错题本，经常犯错的地方就是你掌握得不算好的地方，此时再加固一下才是硬道理。

第三步，“解决”难点。

总复习时，你应该攻克那些与主要内容相关的难点，也就是你要通过询问老师和同学，把你没有弄明白的地方彻底解决掉。

但同时，这个“解决”加上了引号，那就是另一个意思了，即让你放弃。如果有些点你实在没有理解能力，或者时间不足以让你彻底理解，你要干脆放弃。与其将宝贵的复习时间都耽误在这上面，还不如去巩固那些你更容易弄明白的内容，保证大部分的卷面分。

当然，这种放弃是不得已而为之的事情，你要先尽量采取第一种解决方法，并要尽早着手难点的解决，实在不行的时候你再放弃也不晚。

第四步，因时制宜。

考试分为很多种，小考、月考、期中考、季度考、期末考，你完全可以根据不同的考试来安排你的考前复习。因为所有的考试，都是老师对你前一阶段学习情况的检查，所以除了最终的期末考，你的复习最好紧跟考试的时间。如果时间实在来不及，你去复习离考试最近的内容多半不会错。但如果时间充足，你最好从头复习到要考试之前的内容。

让自己的弱势学科强起来

偏科是很普遍的一件事，喜欢的学科会因为投入时间多、付出精力多而成为强势学科，但不喜欢的学科就会因为厌恶而不愿意过多努力，会变成弱势学科。但考试却是公平的，你喜欢的科目，多半都成绩喜人；而你不喜欢的科目，成绩有时候就会显得惨不忍睹。

从你的成长需求来看，学生时期是你整体素质养成的关键时期，也就是需要你各方面都全面发展，当然也包括你所有学科的学习，任何一科“瘸腿”，都会影响你日后的生活。从更实际一些的发展来看，未来的中考、高考，看的都是你的总成绩，如果你存在弱势学科还不愿意积极去弥补，你的总成绩就会给你带来遗憾。

既然如此，我们就应该积极地弥补弱势学科，让它也变得强壮起来。

首先，我们来了解一下你为什么会出现弱势学科。

第一个原因是你的喜好问题。

喜欢做的事情，不用催促都能好好做，这是每个人都会有的表现。而对于你这个年龄的孩子来说，不喜欢就是不喜欢，你们拒绝妥协的心理可能会更强烈，所以才会对不喜欢的学科采取放任、排斥、放弃的行为。

第二个原因则是抗挫能力差。

也许是一次考试，也许是一次课堂答题，又或者是老师的一句点评，让你感觉自己在某个学科上出了丑、受了委屈，于是你开始逃避与这个学科的接触，并慢慢地选择疏远。

第三个原因是“因人而异”。

你不喜欢某一门课的授课老师，结果连带着你连那个学科都不喜欢了；你觉得老师讲得太慢或太快，不喜欢他的讲课方式，于是你选择走自己的路，结果导致一知半解；讲课中途突然换了老师，令你产生不适，导致整个学科学习都受影响。

其实仔细分析一下这些原因，是不是全都是源自你自身呢？也就是说如果你提升自我掌控的能力，对自己实现严格要求，多以学习为重，那么这些原因都可以被消除，使你能够以更中正的态度去面对所有的学科。

所以，要战胜弱势学科，你需要好好思考下面几句话。

“学习是为了让你整体上变得更好，不是让你选在哪一点变得更好。”

当你表达“我喜欢语文，不喜欢数学”，或者“我喜欢数学，很讨厌英语”的时候，其实意味着你对学习的态度是不正确的。因为学习的目的是让你能够全面综合地发展，每一门学科的设立都是有意义的，而你在学习时要遵守的规则之一，就是要保证对所有学科都投入应投入的精力，保证学业的顺利完成。

所以，哪怕再不喜欢某门学科，但对于你来说它都是你需要完成的学业的一部分，是你必须要做到的事情，你推卸不掉，更不能放弃。与其因为不喜欢而得到令人糟心的坏成绩，还不如建立正确学习的意识，把学到更多的知识当成学习的最终信念，从而从根本上改变对所有学科的所谓的喜好之分。

“喜欢，应该是促进你进步的动力，而不是屏蔽力。”

既然你喜欢某个学科，从大的角度来说，也体现出你具备了足够的学习能力。那么你应该为自己具有这样强的学习能力而感到开心，就应该有“既然我可以学到这个程度，那我是不是还可以学到更高程度”的想法，然后把你的喜欢逐步拓展，产生挑战的精神，去战胜那些令你感到枯燥的学科。

喜欢这种强烈的心情，理应是促进你不断学习的推进器，而不是屏蔽其他不喜欢学科的屏蔽器。你要建立积极的心态，用一个喜欢去带动更多的接纳，从而把所有内容的学习都变成快乐的事。

“错了也没关系，出问题了也没关系，没有人会过多在意你，除了你自己。”

做错了题目，有什么关系呢？学习本来就是在一个又一个错误上不断前进的，你应该去关注怎么改错，怎么保证不再犯错；没有听懂，没有学会，这太正常了，大家鄙视的是“不懂装懂”“盲目逃避”，却从来都不会排斥“不耻下问”“勇往直前”。

你应该放平心态，学习上的问题就要由学习来解决，这才是“解铃还需系铃人”，想得太多只会让你徒增烦恼，把那个时间精力投入到解出难题、摆脱错题上，难道不是更有成就感吗？

“老师是传授知识的人，而你是学习知识的人，这是你们最主要的关系。”

老师负责传授知识，你负责学习知识，不管什么时候都不要忘记你们彼此的责任。不管老师怎样，他讲出来的内容都是你要记忆的，是你日后考试会用到的，所以，你应该更多关注自己怎么把这些知识学会，从老师那里把知识“拿”过来，而不是这个老师怎么样。

你要培养自己的适应能力，去适应不同老师带给你的不同的教学方式。不要以为世界都围着你转，你因为对老师有意见而放弃自我，那学习乃至于世界就真的会放弃你。

思维导图，高效复习的好伙伴

随着学习任务越来越重，你头脑中的知识也会越来越多。尽管有着很多种复习方法作辅助，但有时候，也会因为头脑中的内容太过零散，你抓不住重点，没法实现提纲挈领，不能轻松应对复习。

要解决这个问题，你可以使用思维导图。思维导图又叫心智导图，创始人是英国心理学家托尼·巴赞。思维导图通过一个中央关键词或想法以辐射线的形式连接所有的代表字词、想法、任务或其他相关联的内容，它运用图文并重的技巧，把各级主题的关系用相互隶属与相关的层级图表现出来。

以本一章节关于复习的内容为例，我们可以这样来绘制思维导图：

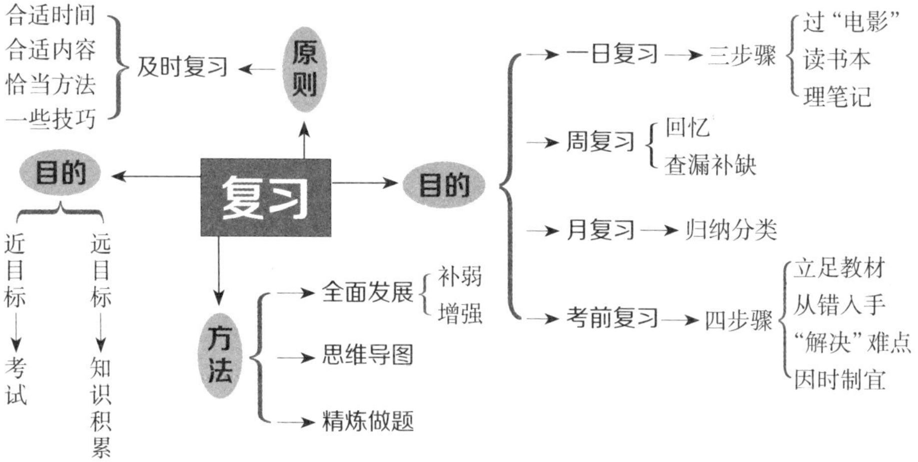

思维导图充分调动了左右大脑的技能，利用记忆、阅读、思维的规律，开启人类大脑的无限潜能，使得人类的思维变得更强大。

你的复习内容其实也都是有体系可循的，如果你也能把这些零散的知识绘制成思维导图，那么你对这些内容的记忆也会变得清晰起来，方便你对记忆的提取与使用。

而且，思维导图将枯燥的文字变成了图像、符号、线条、词汇，示例只是最简单的一种演示，但其实你还可以把它画得更具有吸引力，使用不同的颜色，使用合适的图案，你的绘制过程会充满乐趣，在一种愉悦的氛围中完成记忆活跃的过程。

既然思维导图如此有效，你也来参照下面的绘制方法试试看吧！

第一，准备合适的纸笔。

选用较大的纸张会让你有更大的创作空间，你的思维导图也可以被分得更细，可以容纳、连接更多的内容。要保持纸面的干净整洁，最好使用空白纸张，可以给你充分的思考空间。

笔要保持书写流畅，可以准备多种颜色以及粗细不同的笔，方便你对不同的内容进行区分，增加画面的丰富程度。

第二，确立思维导图的核心概念。

你要知道自己即将绘制一份怎样的思维导图，主要内容是什么。比如你要绘制某一章知识的思维导图，你就要对这一章的内容有一个大致的了解，以确定整张思维导图的标题或者说核心概念。

这个核心可以是一个单元的名称，也可以是某一类知识点的名称，或者是一个名词、一个定义，还可以是一个主题。

既然是核心，就要被绘制在导图的中心，这是为了便于给将要发散的思维留出更多空间，同时用图画或文字明确标示出来。建议你最好使用图像，这会显得更有吸引力，也会更好地激发你的思考与联想。

第三，明确分类概念及与核心概念的关系。

确立中心之后就要开始发散思考，建立分支。你可以一边翻阅教材或笔记，一边来考虑都可以建立起哪些分类概念。

在画分支之前，你最好先进行一番布局与结构的整体设计，比如哪些分支是需要突出显示的，哪些分支是可以衍生出更多的内容的，哪些分支彼此之间会存在紧密的联系，等等。通过综合考虑，再确定合理的分支关键字或关键词。

你可以把分支设计成曲线的，还是能用图画表现就使用图画，因为各种色彩鲜明的形象会给你的大脑更强烈的刺激，从而让你的记忆唤醒更深刻。

第四，补充完善细节信息。

建立了大体的分支，接下来就是补充各种细节，这时就需要你精读内容，让思维时刻保持活跃，把分支不断分成更细的分支，并补充各种细节信息。可以使用各种小技巧来让思维导图的焦点更加明确。

你可以使用不同的颜色来确定不同分支所代表的内容，比如绿色代表方程式，红色代表定义，这会帮助你更快区分内容；你可以使用一些特定的符号，圆圈、星形、三角形、正方形，并灵活使用箭头、各种类型的括号；你还要保证所书写的内容是工整的，要一眼明了，最好是横向顺序去写，因为你的大脑已经习惯了横向文字表达，这会节省你识别文字的时间；尽量使用关键字词，不要写长句，要让这些关键字词成为刺激你记忆的关键点，这也会促使你的思维更灵活，使你的大脑更积极地运转；等等。

在复习过程中，思维导图所起到的作用是不言而喻的，使用思维导图，省去了你频繁翻书的麻烦，会让你在头脑中建立起一章、一阶段，乃至于整本书的知识点联系，会带给你窥一斑而知全豹的体验。

更重要的是，如果你能熟练使用思维导图，那么它不仅对你的复习起到重要作用，未来很多事情都会因为它而受益，比如你会有更清晰的头脑，你可以更灵活地安排事情，不管是读书还是工作，你都将保持清晰的头脑。

所以，建议你重视起思维导图来，它会为你的人生增添光彩。

不要让“题海战术”害了你

不知道你是不是也信奉“做得多就能考得好”这种言论，但很多同学却都陷入这种言论中不能自拔。越是到复习阶段，你会发现很多同学都开始搬出来各种各样的习题集、练习册，似乎复习就应该是不停做题，否则就不能叫复习。

不仅是我们自己，老师和爸爸妈妈口中也经常会提醒一句“熟能生巧”，结果这就导致更多的同学认为，只有多做题，才可能对知识掌握得更牢靠。

其实选择疯狂做题的人，都有这样一种心理，“这题我做过就意味着我会了，如果我多做一道，没准儿就能在考试时多碰上一道，万一我做得少了，考试时候偏又出了，那我岂不是很倒霉”。

但是真正的“题海战术”可不是这么打的，无差别全包式的做题方式，除了让你感到疲劳不堪，增加你的心理压力，还可能带偏你的复习重点之外，并没有再多的好处。更重要的一点，陷入题海战术之后，你的关注就只在做题的数量上，而不是质量上，就好像摘果子，你没有任何选择地把树上所有果子都摘进了自己的篮子，以为最终会获得丰收，可是却没发现，那果子中有没成熟的、有坏的，还有带着虫子的，想想看这得是多大的损失。

虽然研究发现，当学习程度达到 150% 的时候，会取得比较好的学习效果和比较高的效率。但是超过一定限度的“过度学习”，就会出现“报酬递减”的现象，即一个人通过练习掌握了某项知识或技能，在掌握的基础上进行巩固练习，就会实现150%的熟练程度，可如果再继续重复练习，效果就不那么明显了，反而还可能会带来伤害。

所以，对待做题，你要有一个理性的认识。

适当的练习是有必要的，熟能生巧这句话没有问题，但关键就看你怎么用。很多知识只靠头脑记忆是不够的，尤其是考查逻辑思维的课程，头脑要想灵活，就要对知识活学活用，所以，练习是实现活学活用最主要的方法。

之所以说是“适当”的练习，就是要在保证足够的练习量的基础上，还要保证练习的质。因此，不要再沉迷于题海战术中了，你要选择更高质量的练习去做。

第一，精选习题。

只有合适的题目，才会越做越有效果。你要精心挑选自己即将要做的习题，可以根据不同的知识、考查方式来对习题进行分类，然后更有针对性地去进行练习。选择之前，你应该好好想想自己哪里是有问题的，要对薄弱的学科、知识点进行重点的练习。

第二，控制好量。

你要控制好自己做题的时间和数量。

根据自己做题的速度以及对知识点的掌握程度，设定好时间，不要让自己感到劳累，也不要过得太为轻松。到了时间，就要停笔，这也会让你始终都对题目有一种想要解答的意愿，而不会因为做得太多而心生疲劳。

而对于做题的量，你要注意的是，不要在同一知识点或同一类型题目上没完没了地练习，试卷不会只考某一点，题目都是多变的，多变换几种题型，多一些知识点的融合，才能帮你把某个知识点吃透。接受不同方面的练习，保证每一个学科、每个知识点、每一个考点都能估计得到，你的练习才更有意义。

第三，及时反馈。

这个反馈指的是你对自己练习成果的感觉，是更熟练了，还是有什么其他的想法。

对于有些题目，你要学会举一反三，不能说，问你“这句话哪里是错的”你会做，但要是问你“这句话哪里不对”你就不知道在干什么了。你要把举一反三的思考方式代入到练习中去，针对一道题，多思考与分析，多想几种解法，多想几种思路。

同时，通过练习，你还要注意到自己的问题所在，比如解方程式的时候你总是忘记一个符号，或者你总是把方程式的使用条件搞错，那么你就应该停下做题的笔，返回去看看与此相关的知识讲解，重新去理解学习，而不是继续闷头，否则这样的多练习只会促使你养成错误的坏习惯，可不会帮你解决问题。

第四，换种方式。

学习的方式多种多样，除了做题，你还有其他很多可做的事，比如，在生活中去使用所学知识，会让你发现知识对你的重要性；和同学选择互相出题来练习，既锻炼思维能力，也能互相学习；当然前面提到的种种方法你都可以拿来一用。

也就是说，做题与其他各种方法都只是复习的一种手段，并不代表复习的全部，想要获得更好的复习效果，认清自我、选择合适且正确的方法、付出合理且足够的努力，这样才能帮助你实现你的目的。

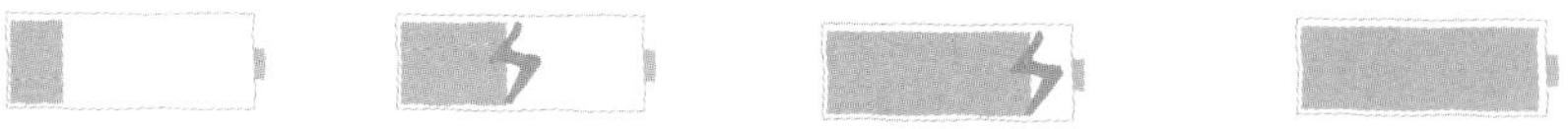

第十二章

懂得应试技巧，好成绩就在你手中

● 提到考试，真是紧张啊！

好多同学都对考试感到紧张，那你紧张的原因是什么？

● 我怕我考不好，怕我复习的都没用上，怕我的成绩不是我所期望的。

对考试感到紧张是正常的，但只是害怕并不能帮你解决问题，你应该学习一些应试的技巧，因为它能帮助你更好地去面对考试、参与考试，同时帮你正确理解考试对你的意义以及考试结果对你的影响。多思考一下，缓解一下心理压力，只要掌握好考试技巧，相信你也可以把好成绩牢牢抓住。

考前一定要熟练掌握的应试小妙招

考试会让人感到紧张，从好的角度来看，这种紧张感会促使你的注意力得到最大程度的集中，并能在某些时候激发你的潜力；但同时，它也会给你带来心理压力，影响你发挥。为了你能更好地应对考试，你应该熟练掌握一些应试小妙招，帮你缓解这种紧张感，灵活应对考试。

从考前复习开始，就已经包含很多有助于考试的小技巧了。

首先你要注意老师在复习阶段所提到的各种问题。老师在理顺所有知识内容的过程中，你要着重去听他都强调了什么、提醒你注意什么、对哪些问题有反复的讲解等，因为这都可能会出现在试卷上，所以不要放过老师给你的最大“便利”。

接下来你还要在课堂上表现出正确的关注，比如你要能提出有价值的问题，包括你所疑惑的，某些你认为自己没有掌握的，某些你觉得可能是重点的等内容，你都要尽可能弄明白。同时，你也要认真完成考前的各种复习练习，提前熟悉考试做题的氛围。

再然后你还要关注一下你的同学，如果你有认识的高年级的学长学姐，你可以通过他们了解曾经的考试内容，或者你的同学有了解到这些情况，你也要及时沟通，要做到对考试的信息有尽可能多的了解，这样能帮助你做好尽可能详尽的准备。

最后提一个并不建议你经常做的事情，那就是“临阵磨枪”。一些特殊原因可能会导致你不得不考前突击，这时建议你尽快确认课程内容与目的，实现快速浏览，记住最主要的观点、重要的细节，注意讲义、定义、定理、公式、列表、数据、不同样式字体的内容等特殊的部分。此时思维导图可以对你有所帮助。建议你多看主要内容，不要贪多求全，不要在根本不会的问题上浪费时间。但这终归是不得已而为之的建议，你还是认认真真地做好复习比较好。

复习过后便是应考，应考时，你要关注的技巧就更多了。

第一，考前。

准备好所有考试用具，包括证件；上好厕所、清洗眼镜，适当喝点水；最好早一些到，让自己逐渐平缓下来；清理和检查桌面；坐在座位上，深呼吸或伸伸懒腰，使自己不那么紧绷；如果有时间或者有必要，你可以快速地再浏览一遍你觉得重要的内容或思维导图；不要和别人去讨论任何与考试有关的问题；提醒自己“你可以自信一些去应对”。

第二，考试时。

认真审题，包括两个方面：

第一方面指的是你要看看题量，关注一下难易题目，然后根据你自己的能力和题目安排，把考试时间大致分配一下，保证卷面完成度，也保证有检查时间。

第二方面则指的是你要认真读题，所有题目在做题的时候都最好读两遍，在有要求的关键词上标识以提示自己，但不要过度解读题目。

做题的时候，按照先易后难的顺序比较好，遇到一时想不到的就先跳过去，先把你有把握拿到分数的题都做完，然后再去集中精力解答比较难的题。

解答的时候你要手脑并用，一边思考一边可以在试卷空白处或草稿纸上去勾画，或者绘制简单的思维导图，这样你的解答思路会更加清晰。

另外，考试时最忌看别人做题的快慢程度和别人的答题状态，你应该稳定自己的节奏，不要轻易受到周围人的影响。

第三，即将结束时。

考试马上要结束了，你就要进入检查时间。

首先，检查是否读对了题目，是否对题意理解正确，比如是寻找“不正确的”还是“正确的”，是求“体积”还是求“面积”，是说明“原因”还是“意义”，等等。

其次，检查是否有遗漏。有些题目可能有两问，有些试卷背面可能还有题，或者有的题目要求“二选一去做”。

最后，要重点检查自己的演算、推导、表述、解释、拓展等解答内容，不同考试科目需要检查的内容不同。如果你时间充裕，可以把每一道这样的题目都重新再思考一遍，以免有疏漏；但如果检查时间紧张，你可以把那些非常有把握的内容一带而过，只检查有没有错字，而把重点精力放在比较重要的题目上，保证不会因为小错误而失去分数。

在检查的时候，你要相信自己的第一直觉，不要轻易去改动已经成型的答案，除非你有很大的把握。因为人的第一直觉往往都是靠谱的，你也要相信自己第一时间的判断。

总体而言，考试考查的不仅是学生掌握知识的水平，还有其心理素质，最重要的是考查学生思想的灵活性以及应变能力。所以你不仅要学会知识，还要学活知识。灵活掌握这些考试技巧，不仅帮助你应对考试，其实对你未来思维的发展、处事能力的提升也是大有好处的。

在考场上，要充分利用好考前 5 分钟

前面提到的你需要掌握的考试技巧中，包括了与时间运用有关的内容，这里再给你详细说一说关于“考前 5 分钟”的应用。

考前 5 分钟，一般是发卷时间，有很多同学其实并不在意这 5 分钟。比如你一定遇到过踩着考试铃跑进考场的同学，或者说你自己本身就是这样的，气喘吁吁地坐下，嘴里可能还嚼着东西，手忙脚乱地放置各种考试用具，满头大汗，心跳加速，气都没喘匀，考卷就已经发下来了；甚至有的同学在试卷发完之后才来；还有的同学则是两眼放空，根本不看卷，认为“不看就不会发现自己不会的题，这就不会让自己感到压力”；也有的同学则跟前一种同学恰恰相反，先去找自己不会做的题，接着就开始心跳加速。

显然不管是哪一种表现，都是非常不理想的考前状态，5 分钟别看时间短，但如果能合理运用起来，没准儿会改变你的整个考试结果。

考前 5 分钟并不允许答题，那么这么短的时间都可以做些什么呢？

首先，用来平静自我。

对于很多同学来说，看到考卷的时候，紧张感会达到顶峰，他可能会迫不及待地想要提笔答题。紧张会促使头脑发生意外的“路线搭桥”，一个不小心你可能就会出错。所以，你倒不如用这考前 5 分钟来让自己逐渐平静下来。

你要意识到，既然已经坐在这里了，那么接受考试就是不可改变的事实，

所有你的头脑中要尽量想一些积极的事情，比如“我应该可以顺利完成这次考试”。然后有意识地放松自己的颈部、肩膀，然后是整个上半身。活动一下胳膊手指，转转脖子，深呼吸几口气，准备开始动笔。

其次，用来分配时间。

很多同学总是说，“答题时间不够用”“如果我能好好分配时间，就不会后面的题做不完了”“我都没想到题这么多”，有这样的考后遗憾，其实就意味着这些同学的考试时间分配出现了问题。

考前 5 分钟，足够你来分配考试的时间。反正也不能答题，那你不如就把所有题目都大致地浏览一遍。看看一共有多少道题目，包括大题、小题，在心里有个数，然后看看题目的类型，想想自己掌握的情况，由此来对完成每道题所需的时间有一个基本的计划，也就是哪些题可以很快做完，哪些题还需要一些思考时间。

根据一场考试所需的整体时间，去分配每道题的做题时间以及最终的检查时间，这会让你提前对自己的考试过程有一个把控，以免出现因为考试而“忘时”的情况出现。

再次，用来安排顺序。

在浏览题目安排时间的时候，你也可以顺道关注一下题目的难易程度，判断一下以你的能力来说你能解答到什么程度。

很多同学拿到试卷后习惯于从第一题开始答起，其实试卷的安排也是有一定的顺序的，多半都是从易到难，也就是最后的题目会偏难一些，如果没有特殊的要求，比如像英语可能会要求“先交答题卡”，那么你就可以从后面的题目开始向前安排答题顺序。如果后面的题目很难，超出了你可承受的范围，那么你可以果断放弃，只想着去做前面简单的题。

而正确的做法也是从易到难，这里的“易”和“难”是针对你的能力而讲的，把你觉得容易做的、保证能拿到分数的题目先行做完，然后再去逐一啃有点难的、比较难的、最难的题目。当然这个“最难”的题目，是在你所有题目都做完，检查完没有问题以后，若是还有时间富裕，才需要你去尝试一下的。

最后，用来建立自信。

通过前面的时间和做题顺序安排，你对试卷的难易程度有了一个大体的了解，有时候你会因为这张试卷对于你来说偏难而感觉更紧张，这时你就需要建立自信。

要记得在每页试卷上都写好自己的名字、班级、考号等所有内容，看着自己的这些信息，可以给自己鼓励。告诉自己："××，你已经坐在这里了，你也已经把你认为重要的内容都复习过了（或者，虽然是临阵磨枪，但你也记住了大部分内容），所以你可以应对这些题目，你只需要放松下来，一道题一道题地做下去，不要考虑结果，不要考虑别人，把该写的东西写完，是你现在应该做的事情。"

放松心态，把考试当作业来对待

你感觉考试让你紧张，其实从另一个层面证明，你还是很重视考试的，或者在有些人看来，考试是非常特殊的，永远都贴着“重要”这两个字的标签。正是因为你对它的看法，才使得它在你心目中变得颇有分量，这种分量当然会给你带来压力。

可能有人总是这样劝你，“你得放松心态啊”，这种说法没错，但旁人都只是站在自己的角度去劝说，你内心可能依然觉得很紧张。那么接下来，我们不如先来重新认识一下考试，然后再说放松心态的事情。

考试是干什么的？其实用一个表格就足够说明它的所有内容了。

考试到底都干了些什么？	
听	考试指导、考场要求；听力内容考试
看	时间、题目，整场考试都需要看
读	读试卷上所有的内容
算	时间预算，内容预算，数据计算，思维演算
答	回答所有问题，解答所有疑问
写	答案、演算草稿、思路、猜测，多动笔终归有用
查	从姓名到答案的所有内容

那么从这样的内容来分析一下，你有没有觉得它的组成很熟悉？没错，它的整个过程其实和写作业的过程非常类似。

听，要听老师布置作业内容。

看，要看作业的完成时间，作业内容到底是怎样的。整个写作业的过程都在看。

读，要读作业题目及所有相关内容。

算，时间预算，内容预算，数据计算，思维演算。

答，回答所有问题，解答所有疑问。

写，答案、演算草稿、思路、猜测。

查，检查作业是否全部做完以及是否正确。

考试是对你前一段时间所学知识的一次检验，而从某种程度上来讲，作业其实一直都是对你前一段时间所学知识的检验，只不过这个检验的次数要更多一些。

所以，如果把考试看成是在写一份“大作业”，你的感觉是不是一下子轻松好多了呢？因为很少有同学会因为写作业而产生焦虑，反而都可以以轻松的心态去应对，并能合理安排和使用时间。

那么，关键就是你怎么把对考试的心态转换为对作业的心态。

首先，正确归类考试的性质。

考试不是“一招定生死”，哪怕是比较重要的中考、高考，也并不能把你怎么样，考试只会给你反应一种结果，就是让你意识到之前的自己到底都经历了什么，而你可以通过这些经历所带来的结果，为自己的今后作更符合自己需要的安排和发展。

而且，从根本性质来讲，考试真的就是一次“作业”，只不过是一次比较大的作业，时间偏长、内容偏多，其他的真也就没有什么不一样了。如果你平时做作业的时候，就已经做到了先复习、再合上书做作业、做完后还检查、出错了及时改，那么你再看待考试，其实远没有你想象的那么难以应对。

其次，考前不要做过度紧张的事情。

你恐怕不会担心，“我作业如果做不好，老师会不会批评我，同学会不会嘲笑我”。老师的批改，你只会注意到自己的问题，同学之间也并不会因为谁的作业出了错就有什么鄙视的倾向。

那么，你就要把这样的心态也带到考前时间，不要想太多“我考不好怎么办”。而且，周围人并不会过多关注你怎么了，尤其是你的同学们，他们关心自己都还关心不过来，谁还在意你怎么样了。至于说老师和家长关心你，你反倒应该觉得这是一件好事，如果老师和家长都放弃你了，都不理会你到底好与不好，那才是真正的悲哀。

所以，你只要记得，“考试成绩反映了我之前的表现，如果好那就意味着我学得还可以，接下来我就继续努力；如果不好那就意味着我之前有问题，我应该庆幸这个问题现在发现了，赶紧改正，赶紧弥补，赶紧继续前进”。

最后，养成用对待考试一样的态度去对待作业的习惯。

如果你平时就把写作业当成是考试，那么你就能更快地把考试看成是做作业。这是一种反向的习惯养成，但一旦养成，就能在很大程度上帮你平复考试紧张的心理。

平时写作业时，设定好时间限定，远离课本、辅助教材、辅助电子产品等一切工具，然后以“闭卷”的形式去完成所有作业，并进行检查，以老师最终的批改作为成绩的发布，然后根据自己的表现来进行及时调整。

每天都要写作业，所以你的习惯养成应该非常迅速，如果你能认真去做，那么你就能实现轻松化解考试焦虑的问题。

走出考试“记忆堵塞”困境

你有没有在考试的时候出现过下面这样的情况？

原本正认真地答着题，忽然看到一道题，一瞬间大脑一片空白，或者说你可以想起来其他任何知识点的内容，但却唯独想不起来这一道题所对应的知识点。

这种在考试中记忆卡壳的情况，就代表你出现了“记忆堵塞”的困境。就是我们的大脑因为长期进行回忆、比较、分析等思考活动，一下子进入了疲劳状态，此时若是再遇到紧张情况，就很容易出现记忆堵塞。

明明会的题，却因为记忆堵塞做不出来，这对很多同学是一种打击，这时往往会引发你的恐慌，而越是紧张，越是无法唤起记忆。考试又有时间限定，每当你多思考一分钟，你就越发紧张一分，结果是更加想不起来。

遇到这些情况，慌张是人之常情，但你却不能就此陷入这种慌张状态，从而把自己往越发不能好好考试的境地推去，你完全可以凭借自己的调整从这种困境中走出来。

第一，尽快控制住恐慌。

发现自己卡壳的那一瞬间，你心里会很慌，但要在最短的时间里去刹住这种慌张，也就是要让自己尽快恢复平静。

比如，发现记忆空白，那就暂时停一下，不去强迫自己赶紧想，而是抬头深呼吸，不要死盯着试卷，可以看着别处。待反复深呼吸几次后，让自己平静下来，然后再去继续回想，通常是可以打通堵塞，联通前后记忆的。

但也有极大的可能，即便这么做了，也打不通这记忆，那也不用继续慌张，先放过这一道题，继续去奋斗后面的题目，这样一方面转移了对这道题的注意力，另一方面也令头脑得到转换。等做完其他的内容之后，再来回忆这道题，说不定记忆就能被打通了。

第二，试试使用联想。

有的同学遇到这种情况就会习惯性地总去想记忆断掉时的那几个字，就好像走进了死胡同，怎么都走不出来。其实完全没有必要，你可以联想一下与这道题所考查的知识点相关的其他内容，或许就能让你记起原本的思路应该是什么。

这是因为知识之间都是有一定联系的，尤其是一科考试中，知识都具有一定的系统性，回忆一下，这个知识点在课本的哪一章、哪一节？这一段内容中都涉及了哪些内容？有可能在试卷题目中有用的是哪些内容？顺着这样的联想，说不定哪一个点就能点亮你的记忆。

第三，从其他题目中找线索。

正因为知识之间是彼此有联系的，再加上老师的考查可能会从“学生掌握是否全面系统”的角度出发，所以题目之间也是有联系的，试卷会涵盖大量的知识点，有一些重点可能会出现在几道题目之中。这些题目虽然出题的角度、考察的重点各不相同，但根本的知识点却是一样的，那么你就完全可以从其他题目中去寻找线索，题目的表述、问题、答案，都可能给你提供某些线索。

第四，及时记录下线索。

谁也说不准在什么时候以什么契机会让堵塞的记忆突然畅通，如果这时你正在做其他题目，那就赶紧顺手把你想到的内容在草稿纸上记录下来，待完成手头的这道题目，就赶紧返回去把记忆堵塞的那道题做完。

这样做的原因，一是防止你忘记这突然而来的灵感，二是防止你因为忙着去写之前的题而导致现在正做着的那道题也出现卡壳。所以当你想起某个点时，就赶紧记录在醒目的地方，在保证没有“半道题”等着你的前提下，再及时返回去完成空出来的那道题。

第五，进行合理猜测。

当然我们不能排除“真的完全想不起来”这种情况，这时说放弃有点可惜，此时建议你采取“合理猜测”的方法来解决这个问题。

这种方法尤其在应对选择题时最为有效，你可以首先排除一看就不正确的选项，比如一些绝对化的陈述，你不理解、不认识的词语，不完整的陈述，等等，对于剩下的内容就去进行对比，选一个在你看来最为“赏心悦目”的选项，它是正确选项的可能性就非常高。

其实这种猜题的方式也凭借的是感觉，如果你平时接触到了很多练习，有过很多判断正误的经验，那你的“第六感”也会相对更准确一些。

考完不要急着对答案，以免影响情绪

考完到底要不要对答案，有一位老师用一个实例给出了答案：

我教过一个学习成绩原本很好的孩子，中考的时候，刚考完第一门语文，他就跑去和别人对题，因为这次语文的几道基础题出得很刁钻，他想要确认自己是不是答对了。

可是一对之下，他发现自己和别人的并不相同，他的三个同学答案一样，只有他自己的不一样，这样的结果让他觉得自己的语文考砸了，带着这样的压力，他参加下午的考试时就一直心不在焉，总想着上午语文的那道题。下午考完之后他又忍不住去对题，发现自己又出了问题。

结果他的压力就这样不断累积，到了最后一门考试时，他的压力太大了，很多会的题都出现了记忆堵塞的情况，最后一门彻底考砸。更讽刺的是，最终成绩出来，他只有语文考得最好，他担心的那几道题都没问题，而自语文之后的科目，却是一门比一门成绩差。中考失利，他也与原本看好的重点高中失之交臂。

我们都知道凡事讲求因果，这个同学最终中考成绩的结果完全源自他自身，最直接的原因就是他考完之后立刻跑去对答案。

已经结束的事情，不管你怎么样都不能更改了，正所谓“覆水难收”，时间不会给你回溯的机会，你能做的只能是接受结果。所以不要再为已经出了结果的事情去多操心，特别是对待考试，考完不要马上去对答案，让自己静心，也让别人静心。

正确的做法应该是怎样的呢?

首先，你要尊重自己的劳动成果。

不管怎样，考试已经结束了，你也经历了比较长的一段时间，奋斗了这么半天，你总要尊重自己的劳动成果吧，不要刚一出结果，你就通过别人的结果来判断自己的错误。如果你能见到过去的自己，那个过去的自己一定会指责你不尊重他。

既然已经结束了，那就收拾一下心情，认真去准备接下来的其他事情就好，结果怎样那都是以后的事情了。不管是好是坏，之前那一页都可以翻篇了。

其次，控制好因，自然会有好果。

与其总是在做完之后去忐忑，倒不如学会在做之前去努力，让自己少一点这样的忐忑，你之前越是复习得认真精细，你就越能对自己胸有成竹。

有些同学之所以一和别人对答案就心慌，就是他并不确定自己是不是正确，对于自己已经学会的知识，却在运用之后不能肯定是不是用得对，这其实就体现出你的所学不精。你应该关注的不是考试结果怎么样，而是要多考虑一下，之后要怎么做才能避免再出现这样的情况。

另外，你也要坚定自己的原则，不要和前面那位同学一样，一听见自己和别人的答案不一样，就毫不犹豫地否定了自己，结果反倒让自己背上沉重的心理负担。如果你经历了认真的复习，感觉自己没有做错，那就肯定自己的答案，不要试图通过别人来获得心里安慰，你应该给予自己最强有力的支持才对。

再次，有意识地躲开对答案的行为。

有同学说了:“我不想对答案，但总有同学走过来，直接一个答案丢出来，我不想听也听见了，和自己答案不一样，感觉就是难受啊！”

我们管不了别人，但我们却可以改变自己。听见有人对答案，直接跳过，或者转移一下话题，“下午考试希望不要太难啊”“我下午那科有个问题想问你一下”“我觉得我考饿了”“你要不要吃块饼干”，这时候插科打诨很管用，因为大家都刚从紧张的考场上下来，越是随意，越容易让人放松下来。

如果对方执意要对答案，你可以礼貌地拒绝，或者找借口走开。不让自己陷入那种被动的局面，就算听见了，也不要深想。自始至终你只要记住一点，已经考完的内容了，再多想的话，除了徒增烦恼，什么作用都没有，所以，不要做这样损伤自己利益的事。

最后，用最快的速度转移注意力。

考完一科之后，经历过短暂的放松，你要尽快把注意力转移到下一个科目上去，准备考试用具，补充考试消耗，再翻一遍考纲内容，等等，你还有那么多事情要做，就不要在已经结束的考试上多投放精力了。

这样也有另一个好处，万一你上一门没有考好，那么你专心致志地准备下一门，把这一门考好，没准儿还能为你挽回一些分数，实现“以长补短”。不要为已经丢了的羊担忧，而是要考虑怎样把剩下的羊都圈住，“亡羊补牢”这个词在这种时候也是可以这样来解释的，会带给你足够的信心。

考后一定要对试卷做好分析

一场考试结束之后，有相当一部分同学只有一个感受——“终于解放了”。带着这种放松的心情，他们可以把与之前考试相关的所有内容完全抛在脑后，就好像是彻底清空了大脑，过去的种种完全不再想。

虽然从某种角度来说，这种“勇敢”抛开过去的做法的确有助于再出发，但是从另一个角度来看，这么“决绝”地不管不顾，对你日后的学习是会留下隐患的。

考试是对前一段时间所学的检验，一般情况下，它都会很真实地反映你的学习，学会了多少，哪里没学会，有没有漏洞，学习方法是不是正确，学习方式是不是合理等问题都会逐一透过分数反映出来。

所以说，已经结束的考试，其实也是对你最好的提醒，如果你能利用好考完的试卷，那么你一定会在原有基础上有很大的提升。

而要实现提升，你就一定要在考后对试卷进行一番详细全面的分析。

第一，对试卷进行整体浏览。

考试结束后，你最关心的是什么？可能就是分数吧！有的同学拿到发回的试卷之后，如果分数的确如他所料，他就觉得没什么了，认为自己很好地发挥了自己的水平；如果分数比他预料的高，他就会沾沾自喜，觉得自己已经非常了不起了；如果分数比预料得低，甚至特别差，他可能会迅速收起试卷来，巴不得不再看。

其实这样的心态意味着还是没有明白考试的意义，什么分数并不重要，重要的是你为什么会得到现在这样的分数：哪些对了，哪些错了；哪些是真的自己做对了，哪些是连蒙带猜才对的，哪些又是侥幸才对的；哪些是真的不会错了，哪些是粗心错了，哪些是一知半解错了，哪些又是其他怎样的原因错了；等等。

你要在拿到试卷之后，对试卷有一个整体的浏览，从头至尾，每一道题都不要落下，这样你才能发现这次考试给你带来了什么。

第二，重点整理出错误来。

对错误的整理是对试卷分析时的重中之重，你的错题本此时就要发挥重要作用了。可以根据不同的错误类型去整理，也可以根据知识点内容去整理。

这个整理并不只是你把错的题抄下来就完了，你还要与之前的错题进行对比。如果你在错题本上发现连续有很多同样的错误在不同的考试中出现，那么你就应该关注自己为什么总是犯这样的错误，不能只是单纯地改错，而是要去找错误的根源；如果你发现了一个最新出现的错误类型，那么这也要引起你的注意，要通过分析和老师的讲解，来理顺这个错误的由来，争取让这个错误变成“昙花一现”。

第三，跟着老师一起分析试卷。

一般考完试之后，老师都会进行试卷讲解，这是你解析整套试卷的最好时机，也是你更快认识到自己错误的大好时机。所以当老师分析的时候，你要认真听。

如果自己做对了，就听听老师是怎么分析的，是不是和你想的一样。如果和你想的不一样，那是不是老师有了一个新思路，还是说你的想法只是碰巧而已。也就是说对待对的题，你也不能掉以轻心，要真正搞懂它正确的思路和解法。

如果自己做错了，就着重关注老师的讲解思路，看看自己是在哪个点上出的问题，记录下自己出错的点，整理错题本的时候也会更明确。

另外有时候老师会提供很多种解题思路，你最好也能把这些思路都记录下来，帮助自己打开思路，为之后的考试提前打下基础。

当然有时候老师会把一些题略过，或者简单提一句，但你要关注的是自己的问题而不能只因为老师不详细讲你也就错过去了。如果你依然不懂，那就赶紧趁机去询问，直到自己彻底弄明白为止。

第四，有机会的话再做一遍试卷。

在经历过试卷分析之后，你对这套试卷已经有了一个大致的了解，对于里面的知识点也有了明确的印象，同时对于自己的表现也应该有了一个大致的分析。那么建议你在合适的时间里重新再做一遍这套试卷，检验自己是不是真的理解了老师所分析的重点难点，是不是能够在可以避免的错误点不再犯错。如果依然出现不能做出来的情况，那么这个知识点可能就是你的短板，你需要在后期继续努力。

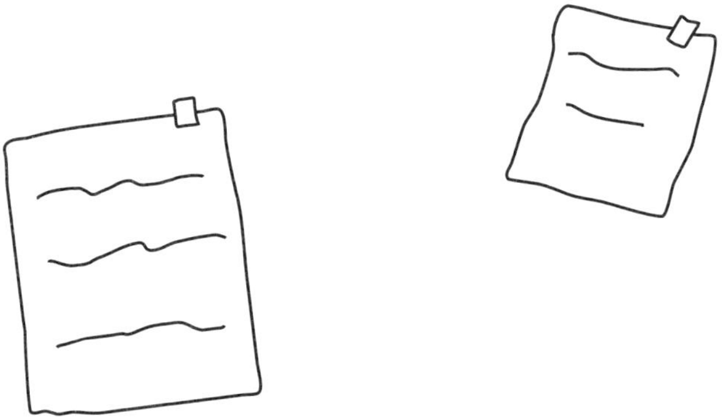

第十三章

学会调适情绪，真正掌控你的学习

● 我觉得自己对学习的态度真是复杂，有时欢喜有时愁，有时喜爱有时烦。

随着情绪去学习可并不是学习的正确态度啊！

● 我也知道，但总觉得没办法啊，尤其是坏情绪一上来，就会觉得烦躁极了，想学学不进去，不学的话又觉得会被落下。

其实你还是有想要学好的意识的，那么你就要学着去调节自己的情绪，不让情绪掌控学习，而是由你自己去主动学习，你才是你自己的主人，你要培养自己控制情绪的能力，更要培养自己主动调节的能力，从而真正掌控自己的学习。

克服对学习成绩提高慢的焦虑情绪

学习是一个需要努力才可能见成效的过程，但有时候付出了努力却看不到成绩，这种现实与心理之间的落差，会给人带去焦虑。

在教育心理学上有一个“高原现象”的概念，指的是在学习或技能的形成过程中，会出现短暂的停顿或者下降的现象，如果能够突破“高原现象”，成绩就会继续上升。这种现象在成绩中上等的同学身上会比较明显，如果不能突破“高原现象”，有的同学整个人都会变得烦躁焦虑，整天无精打采，原本还算可以的成绩也就因此一路下滑。出现这种现象的原因主要是心理疲劳，如果不能好好处理，势必会给你带来不良后果，甚至导致你放弃学习。

那么我们就来分析一下，出现“学习成绩提高慢”这种现象的原因。

首先，没有认清楚自己的水平线，只是盲目地给自己定了无法实现的目标。结果努力倒是努力，可因为太过于超过自己的能力承受范围，反而适得其反。

其次，学习计划或目标设定存在问题。比如有的同学觉得自己成绩提升太慢，就强迫自己必须在多长时间直接实现某个很“高远”的目标，然后每天的学习任务都安排得非常满，导致自己疲劳不堪，学习效率也直线下降。

最后，选择了错误的方法，引导自己走向错误的方向。拔苗助长绝对不是合理的学习方法，不要期待几天就能获得收成，即便再有效的方法，也需要时间来发挥作用。

所以从这三点来看，你要克服这种焦虑情绪，就要找回自己学习上的理性，建议你从下面几点入手。

第一，认清自身的实际情况。

认清自身的实际能力水平，是给自己划定一条准确的水平线，这样你就有了向上跳的基础，你可以知道从哪里努力、怎么去努力。

同时你也要把周围的客观实际情况考虑进去，比如你住的地方离学校比较远，你回家的时间要 40 分钟，那么你安静地坐下来学习的时间可能就比住在离学校只有 5 分钟路程的同学要少一些。所以你安排学习计划的时候，要灵活地规划路上的时间，而不是一味要求自己每天回家必须完成一小时乃至两小时的学习，影响了睡眠，你同样没法得到好的学习效果。

也就是说，你不能只是在理想中去给自己设定目标、制订学习计划，只有贴近自身实际情况，你才能更充分地运用所有能够被利用的时间和资源，保证自己的学习是有意义的。

第二，一步一步向前推进学习计划。

这里需要你用到前面提到的把大目标拆分成小目标的学习方法，不要只定一个明晃晃的大目标在那里，你怎么努力都实现不了的话，就已经足够打击你的自信心了。

你完全可以一步步向前推进自己的学习计划，这个星期掌握一个知识点，下个星期掌握第二个知识点，实现小计划让自己不断经历成功，并通过及时调整计划，来保证所有知识点都能被自己记住，并能在作业、考试和生活中为自己所用，这才是你制订计划的终极目标。当你不着急的时候，你的学习计划自然也就能发挥作用，让你看到计划给你带来的改变。

第三，打牢基础的同时及时更新方法。

有一些同学看不到自己的基础如何，却只想着必须要向上进步，这就是在制造空中楼阁。不论怎样的学习，打牢基础才是最基本的。除了一开始就认真听讲、认真练习、打牢基础之外，如果在后续的作业、考试中发现自己有漏洞，就要及时查漏补缺，积极思考，遇到不懂的、不会的，要赶紧询问，争取做到不留死角。

第四，保持足够的耐心与信心。

成绩提升不是一朝一夕就能完成的事，不可能今天订了计划，明天刚做了一天，后天就看到成绩的改变，毕竟绝大多数人都是普通人，都需要一步一个脚印地前行。所以，你一定要有耐心，坚持就是胜利，并能耐得住枯燥，要能自己从学习中发现乐趣。

同时你还要对自己有信心，不要因为一两次的成绩没变化甚至是退步就觉得自己已经不是学习那块料了，太过盲目地总结自己的表现，就会对自己的潜力造成误判，从而影响你想要继续奋斗的信心与决心。

第五，适当让自己放松。

只有真正实现劳逸结合，你的大脑才能得到休息，你的心情也会因为身体得到放松而有所缓和。学习既然急不来，那就合理地安排忙与闲的时间，张弛有度地去应对学习，不过分着急，允许自己慢慢前进。多看到自己的进步，多肯定自己的前进，会让你更愿意为了自己而努力。也许正因为你的放松，你反而能够发现自己奋斗的正确方法，并能因为积极的激励而促使自己突破。

面对失败，建立正确的归因方式

学习是一个反复的过程，这个反复除了表现在要求你不断复习旧知识、学习新知识之外，还表现在你会反复经历失败与成功。

对于有些同学来说，失败是偶尔的，而且每次失败对他来说都是一次新的体验，他会总结经验，会找出原因，最终让自己走出失败，并不再经历同样的失败；可对于有些同学来说就完全不一样了，他会经常经历失败，有的失败是新鲜的体验，但更多的失败则是“总在同一个地方跌倒”。

没有人喜欢失败，特别是那些总是经历失败的同学，会非常讨厌失败，他们会遭遇心理学上的“努力逆转法则”，也就是越拼命努力，事情却越向相反的方向发展。而也正因为频繁经历失败，他们最终就对自己丧失了信心。但那些偶尔经历失败的同学却并不是这样的，他们也不喜欢失败，可他们却会更积极地去看待失败，这是帮助他们能更快找到解决失败原因的重要因素。

失败并不可怕，如果你能够理智对待它，并能找准失败的原因，你就能最大限度地挽回失败所带来的后果，扭转之前的劣势，纠正走错的道路，从而离成功越来越近。

简单来说就是，面对失败，你要建立起正确的归因方式。

第一，以积极的态度来看待自己的失败。

同样是因为没有学会而考试失败，积极乐观的同学会认为“我果然还是存在漏洞，赶紧积极弥补起来，争取下次有进步”，而悲观消极的同学则会认为“我果然是笨蛋，没有学习的能力，怎么学都学不会，我估计是已经完蛋了”。显然积极乐观的同学是可以继续前进，并有极大可能有所提升的，而悲观消极的同学则会因为悲观情绪使得他更倾向于放弃。

哪怕是考倒数第一，更积极地来看的话，你倒数第一，那么你跳起来的空间就很大了，这其实也是一件好事。毕竟你已经在谷底了，不可能再低了，显然你就只剩下上升一条路了。

所以，从一开始你以什么样的态度来看待自己的失败非常重要。要培养自己积极乐观的性格，多从积极的一面去看待问题，虽然失败值得担心，但却并不是你彻底否定自己的原因。你越是对自己积极，你的心态就会促使你从更积极的角度寻找问题的原因，从而解决问题。只要你不是盲目地乐观自信，那么你保持一种积极阳光向上的态度，将有助于你更快走出失败带来的痛苦，更快向前进。

第二，客观地寻找每一次问题的原因。

考试失败了，或者说学习成绩没有起色，原因非常多，你要做的是从客观角度去看待你的问题，而不是从考虑“别人”的角度去看待问题。

比如，有的同学担心自己考不好会被老师责备、家人训斥和同学嘲笑，他就拼命掩饰自己其实不会的真相，反而用“我就是粗心”“我这次没注意”“我有点紧张”等无关紧要的原因来维护自己的面子。

这就很糟糕了，太过关注别人的看法，反而会丧失自己对问题的主观看法。如果总是用“谎言”来当作自己失败的原因，那么你终有一天也会被这些谎言所蒙蔽，导致你将谎言当成真的，反而不会真的去努力了。

所以，你一定要敢于面对自己，客观地去分析自己到底为什么失败。不会就是不会，没听懂也没什么不好意思，粗心大意也是有可能的，只有你找准了原因，你才知道应该怎么去解决问题。你的学习是为了你自己，可不是为了让别人看着舒服的，所以你要更重视自己一些，帮助自己找到真正的原因，让自己真正有所进步才是正事。

第三，通过多训练形成自己的归因风格。

平时你可以多进行练习，通过训练形成自己的归因风格。比如看动画片的时候，想想里面故事成功的原因、失败的原因；做游戏或者比赛的时候，也要总结赢或输的原因；出门遇到问题，比如忘带钥匙、没算对钱等情况时，想想是什么原因，怎么补救；等等。

要记住，多从积极的角度去看待这些事情，帮助自己始终保持一种平稳的心态，不会陷入悲观消极的状态之中，那么你就总愿意主动去想办法，让自己的生活变得更好。

多训练，你就能形成习惯，并最终形成自己积极乐观的归因风格，保证你在学习上不再因为失败而产生错误的心理，也帮助你更快走出失败，迎来成功。

对自己要有要求，但应适度不可过高

适当的高要求是有必要的，人都有惰性，若是始终都以低于自己能力水平线的要求来放纵自己，人会变得越来越懒惰。想要追求上进，就要对自己有一定的要求。

然而有个问题就是，要求越高越好吗？

曾经有成绩非常好的同学，对于自己只差几分没得到最高分表示非常遗憾，不停地抱怨自己为什么没做到最好，然后用近乎苛刻的方式来要求自己每天增加更多的做题量，甚至牺牲睡眠时间，试图通过让自己更努力来弥补没有得到最高分的遗憾。但最终他因为身体过于疲劳，压力太过巨大，而没有得到自己理想的结果，这使得他更加焦虑，忍不住就想要给自己加上更严苛的要求。

高要求是建立在对待自己有非常严苛态度的基础上的，也就是你必须要苛待自己，才能“满足”要求，并进而满足自己的高期望。这种“苛待”并不是所有人都能承受得住，因为高要求势必会带来高压力，内心背上沉重的压力，反而更不利于进步。前面提到的这位同学，就陷入了这样的恶性循环。

鉴于此种情况并不是个例，很多同学都对此感同身受，我们就不妨先从“对自己有要求”这一点开始说起。

这个要求会促使你产生必要的学习动机，你会因此而觉得自己是“有必要学习”且需要付出足够的努力的。这种要求源于你自身，是一种发自内心的想要自己变好的意愿。

就拿考试来说，很多时候我们都认为，太过焦虑、压力太大会影响正常发挥，所以总是羡慕那些一身轻松、毫不紧张的同学，认为他们一定成竹在胸，可以轻松应对考试。

然而事实证明，一场考试下来，发挥得好的往往并不一定是那些完全不紧张的同学，反而是那些适度紧张，对自己有很清晰的目标和要求的同学。他们会有更集中的注意力，也会有更愿意挑战的精神，更会有不怕困难的闯劲，会表现出比较好的考试状态，并最终取得令他们满意的成绩。

而那些一身轻松的同学，很多人对自己并没有什么要求，认为“我肯定没问题”。没有要求就不会促使自己产生动力，他们的注意力就不会那么集中。虽然不能否认有些同学的确可以做到镇定自若地拿高分，但就一般情况而言，不紧张并不一定是高分的保证。

所以由此可见，我们还是应该对自己有一些要求的，这些要求就像是一只推手，会推着我们向前进，使我们远离惰性。

那么接下来，需要考虑的问题就是，怎么样的要求才算是适度？自己又应该怎么做呢？

所谓适度的要求，就是这种要求对你具有一定的约束力，会让你感到有些紧张，然而又不会给你带来沉重的心理负担，能够让你有追求的目标，但又不会导致你疲于奔命。如果你能按照要求努力认真去做，给自己一些紧迫感，那么你多半都会实现自己的目标。

其实“适度”是一个很模糊的词，这就导致很多同学并不明白这个“度”到底应该到一个怎样的程度才算得上是“适”。说到底，不管怎样的要求，“适”的都是你自己的“度”，所以这个要求首先就不能是从别处“拿来”的，而是要根据你自己的现状去规定。

比如，你现下的能力水平是最多可以考到 80 分，那么你要求自己必须考到满分就是绝对的高要求了。不要觉得“别人都定满分的目标，如果我的目标不是满分是不是太不求上进了”，满分不是学生的标配，并不要求所有人都必须实现。你的能力水平限制了你可能达到的高度，这是你需要认清的事实，所以你只需要在自己能力水平的基础上，去给自己一些要求就足够了，比如你可以要求自己“下次考试争取考到 85 分”，这就是适度的要求。

也就是说，适合自己的才是最合适的，这是一条放在哪里都合适的原则。

有人可能会问了，那我是不是就此与高要求无缘了？

其实也不是，你要更准确地理解“适度”的含义。要求的“适度”，是要适合你当下的“度”，而当你不断地进步，不断地提升自我之时，要求也必须要跟随你的改变而有所改变。简单来讲就是，你对自己的要求，始终都要与你的“当下状态”相适应。当你不断进步时，要求自然也会不断提升，不知不觉间，你就会发现自己已经在向高要求发展了。

所以归根结底，你要对自己有深刻的了解，但同时也要对自己有信心，这时你若再具备自律性，自然就能根据自己的实际提出更合适的要求，并能为之付出足够的努力。

既不要“随波逐流”，也不要“破罐破摔”

从某种程度来说，学校是一个浓缩的小社会，同学彼此相处，会创造出各种各样的氛围，你处在这其中，既要让自己更好地融入环境，又要能保持自己的独立性，这才合适。不过有一些同学就很容易受人影响，在他身上就会出现“随波逐流”的现象。

有一位同学就曾经去找老师求助说：

> 我周围的朋友都认准一条“原则”，他们说“平时打游戏，考试拼手气”，就是他们平时都不学习，然后到了考试的时候就集体作弊，如果不能作弊就看谁运气好。
>
> 其实我也知道这样不好，可他们都那样做我如果还非要去学习，他们就说我“不够哥们儿”。而且有时候看着他们凑在一起打游戏，我却还非得做那些枯燥的数学题，心里还挺羡慕的，然后就控制不住自己，干脆就随了他们的“大流”。
>
> 但最终考试成绩不理想的时候，我也觉得挺难过，也觉得挺羞愧。可他们又说“兄弟们在一起，要好都好，要不好都不好”。
>
> 我也想好好学习，可也不想失去朋友，真是不知道该怎么办才好了。

做自己并不是心甘情愿去做的事情，内心当然会感到苦恼，不知道你是不是也有过这样的苦恼，因为这样的事情在学校里非常普遍。不过你也不要太过发愁，因为你完全可以轻松化解掉这种“来自朋友的压力”。

要实现这一点，你可以这样来做：

首先你要培养自己的自控能力，要能清醒意识到什么是该做的、什么是不该做的。

朋友们凑在一起，有时候会做好事，但有时候也会有因为年少无知而做些坏事，比如男孩们会沉迷于打斗类的电子游戏、偷着抽烟、喝酒、逃课等，女孩们则沉迷于恋爱养成类的电子游戏、化妆等。

这时你就应该给自己敲一敲警钟，提醒自己，来学校是认真学习的，与学习无关的乃至背道而驰的事情，是不值得付出精力的，所以哪怕周围人都在做，当你能分辨事情的本质时，你也要能坚持自己的原则。

这样做了之后，有的同学可能又会担心了，“如果因此而被朋友们疏远了怎么办呢”，其实交友是一个“双向选择”，也就是不仅是朋友选择你，你也在选择朋友。

当你的朋友们发现你远离了他们那种不合适的生活，转而投入了认真学习之中，如果他们真把你当朋友，那么他们会理解你，并不会干涉你，同时还可能会在你的带领下，转而也跟着你去做正确的事情；但如果他们因此疏远了你，甚至劝你放弃，那其实也是给了你一个提醒，“这样的朋友并不适合深交”，所以即便远离，你不仅没有损失，反而应该感到庆幸，因为你远离了会影响学习的源头。

而实际上，“人以群分”这种说法不是没有道理的。如果你坚持学习，并保持良好的习惯，有正当的学习需求，你就会遇上和你志同道合的人，或者你主动去结交一个积极上进的朋友。这样的朋友会和你有同样的追求，不仅不会怂恿你做与学习无关的事，反而还会给予你的学习一定的帮助。

除了“随波逐流”，有的同学还会出现“破罐破摔”的表现，具体表现为丧失信心，否定自我，放弃努力。

比如，有的同学因为几次考试成绩都是下降趋势，就觉得自己已经不是学习那块料了，进而放弃学习，不再好好听讲，不再认真作业，更不愿意主动应对考试；有的同学因为自己目前的成绩总是处在中下游，就认为自己肯定没有学习的天分，也就“心甘情愿”地待在差生行列毫无奋起之心；还有的同学则觉得自己处在一个学习氛围不好的班级，或者处在一个极为普通的学校，本身就是没什么能力的表现，所以也就干脆不好好努力了；等等。

其实你最终的好与不好，全取决于你自己怎么看，准备要怎么做。

前面提到你要学会正确“归因”，那么你就要给自己经历的这些暂时的问题找找原因。几次都没考好，是不是复习的方法有问题，是不是自己没有掌握到学习的精髓；成绩总是上不去，是不是学习方法不正确，是不是没找对努力的方向；处在一个不算好的学习氛围中，自己有没有真正努力过，自己有没有想要奋斗的意愿。

“心想事成”是一个很有用的词，当你“心想”自己需要努力，并可以通过努力获得成功时，你最终总能实现“事成”。所以，如果遇到不如意就直接放弃，只能说明你并不够坚定。抛开所有外部的理由，你要追寻自己的内心，只要你想让自己奋起，你总能做到如你预想般的那样好。

学会调节，让身心保持在最佳的状态

学习是一项高级的精神活动，大脑接受信息的兴奋度存在一定的极限，一旦超过这个极限，大脑就会因为兴奋过度而失去兴奋的能力，反而开始向抑制过程转化，这时人就会感觉到疲劳。

这也就是为什么你经历长时间的学习之后会觉得非常累。如果你依然不放弃，那么疲劳的大脑就会发出抗议，导致你浪费了时间却也记不住东西、没有思路、解决不了问题，学习效率大幅度降低，而且你的心情也会随之变差。

不仅如此，长时间的久坐，对你的颈椎、腰椎也会产生负担，你的视力也同样会受到威胁。心理的疲劳和身体的疲劳，是学习的大敌。

由此，我们可以得出一个很重要的结论：学习并不是时间越久越好，你只有让身心得到休息，才能保证更长久地学习下去。也就是一定要做到及时调节身心，实现劳逸结合。

第一，会休息。

休息包括两种：一种是真正放松下来的休息；一种是学习上的另类休息。

真正放松下来的休息，就是让你暂时远离学习内容。

比如课间休息时，你最好合上书本，起身动一动，喝水上厕所，或者做做简单的伸展操，这就是最好的休息；放学之后，也给自己一段不看书、不学习的时间，让自己的大脑得到短暂的休息；至于说放假时间，你更要有合理的安排，可以通过锻炼、娱乐等其他活动，来保证有足够的休息时间。

会睡觉也包括在会休息的范围之内。你要根据自己的年龄以及学习需求，来安排合理的睡眠时间，不要少于你身体的成长需求，否则你的疲劳永远都没法得到缓解，疲劳会不断堆积，最终反而拖垮你的身体，让你没了学习的本钱。

学习上的另类休息，是一种利用不同学习内容或形式来实现让大脑休息的方式。比如，你在学习数学，需要用到逻辑思维能力，不断思考一段时间之后，你可以转换一下学习内容，去学习语文，通过阅读、书写等方式来让你的逻辑思维得到休息；还比如，你一直在进行计算这项学习行为，一段时间之后你就可以换为背诵这种学习行为；等等。

第二，勤锻炼。

让身心保持健康的最佳方法就是锻炼。

在学校的时候，你每天都会有课间操，每周也都会有体育课，那么这种时候你就要保证自己做操做到位，也要保证按时认真地去上体育课，不要错过这些让自己身体得到舒展锻炼的好机会。

回到家之后，如果有机会，也最好安排合理的锻炼时间，比如每天早晨可以跑步，放学之后可以跳绳、游泳、打球，周末或假期安排一次远足、登山，或者球类比赛活动，等等。

第三，善娱乐。

所谓善娱乐，包含两方面内容：一是善于开展娱乐活动；二是选择有助于修养良善本性的娱乐活动。

学生时代的你其实就是个孩子，孩子本来就是与玩挂钩的，但你学生的身份又提醒你不能随便玩，所以你要选择合适的娱乐活动，郊游、同学间有意义的聚会，玩开发脑力、锻炼协同合作的游戏，去做做拓展，去参加公益活动，等等。你要善于参与这些活动，这样不仅让自己的身心得到休息，也能和同学建立良好的友谊。

你要远离“黄、赌、毒”这样的极端活动，远离太容易引诱你浪费时间的网络游戏，远离无意义的吃喝玩乐。只有健康的娱乐游戏才会让你放松，否则你就会更疲惫，甚至误入歧途。

第四，懂舍弃。

现在的社会中，学生时代参与各种兴趣班已经成了很多同学的生活标配，有的同学会同时兼顾好几个兴趣班，把自己的时间安排得满满的。如果你真的能够应付得来这么多的内容，并不觉得辛苦，且还乐在其中，那就另当别论；但如果你已经感觉很辛苦了，都无法调节身心以适应正常的学习，那么建议你学会舍弃。

你的时间和精力都是有限的，不可能像永动机一样，为了身心健康着想，你要给自己留出足够的休息时间，保证不会耽误正常的学习时间。所以，在你所有的兴趣班中要进行合理的选择，舍弃一些你其实并不是非常需要的内容，保留那些真正能激发兴趣和潜力的内容，让自己也适当地喘口气。

良好的个性品质是提升学习能力的原动力

决定一个人学习能力高低的是什么？有人说是智力、智商，实际上提升学习能力的原动力是一种非智力因素——个性品质。

1921 年，美国著名心理学家特尔曼用智力测验的方法选拔 1528 名智力超常的天才儿童，对他们的成才进行了追踪研究。1960 年，特尔曼逝世后，心理学家西尔斯接着进行研究，将实验一直推进到了 1976 年。

实验结果证明，这些智力超常的儿童在中年或成年之后，只有 20% 的人取得了令人瞩目的成就，60% 的人成绩平平，剩下 20% 的人甚至到了中等水平之下。而成就最大的 20% 的人与成就最小的 20% 的人相比，其最显著的差异就是他们的个性心理品质不同。那些成就最大的人，拥有谨慎性格、进取精神、自信心和不屈不挠的意志等共同的特征。

由此可见，良好的个性品质才是提升学习能力的原动力。

人的个性品质包括六个方面，分别是：自尊心、自信心、意志力、自控力、上进心、责任心。

第一，自尊心。

自尊心是一种心理状态，即尊重自己，维护自己的人格尊严，不容许别人侮辱和歧视的心理状态。自尊心是一切人性品质的基础。拥有自尊心的人，能积极履行自己对他人及社会应尽的义务，拥有强烈的责任心。如果能够拥有自尊心，那么你在学习方面也就会更容易发扬自觉、勤奋、刻苦的精神。

要获得自尊心，你首先要自己尊重自己，接纳自己的所有优点和缺点，不要总是拿自己去和他人比。不管是好是坏，这种比较都是毫无意义的，多关注自己的成长最重要。

第二，自信心。

自信心就是自己对自己的信任。拥有自信心是取得成功的核心品质。建立自信心的前提是拥有自尊心，当你能够给予自己最起码的尊重时，你才会愿意正视自己的表现。

培养自己的自信心，就要多给自己打气，在自己能力范围内去体验成功。你可以专注与过去的自己比较，看看今天的自己比昨天有怎样的进步，看看这个月的自己比上个月又发生了怎样的变化。当你能意识到自己的成长时，相信你也会变得更加自信。

第三，意志力。

一个人可以自觉地确定目的，并据此支配、调节自己的行动，克服各种困难最终实现目的的品质就是意志力。

要在学习方面培养意志力，你就需要强化学习的动机和兴趣，也就是从你主观上就想要去好好学习，这样你才能主动去学习。同时，意志力不只是耐力与毅力，还需要你有能够战胜自己的能力。

锻炼身体是培养意志力最简单有效的方法，不仅能保证身体健康，还能培养你的坚忍不拔的精神。还有一种方法是从生活小事开始做起，比如，养成每天自己打扫房间的习惯，养成保持自我清洁的习惯，养成每天背十个单词的习惯等。越小的事情越能体现意志力，在你能把一件件小事都坚持下来之后，你的意志力也就基本建立起来了

另外就是你要能吃苦，不需要你去找什么“吃苦训练营”，只要你能坦然面对生活中的种种大事小情，你其实就已经是在吃苦了；学习上遇到的种种难题，其实也是另一种含义的苦。你要坦然面对逆境，靠意志力引领你迎头而上，直到你走出苦难。

第四，自控力。

自控力是能够自我控制的能力。对于学生来说，良好的自控力会为你带来足够的学习时间，让你能够做到遇到问题和困难不放弃，且保证你以最快的速度养成好习惯。

培养自控力，你需要实现自我约束，以“不伤害、不妨碍”为基本原则，努力做好自己，不去过多干涉他人，同时学会控制自己的情绪，树立正确的价值观，多以包容之心看待周围一切，多关注自己，多想着完善自己。实际上，想要拥有自控力，你必须要有意志力，所以自控力的培养也离不开意志力的培养。

第五，上进心。

上进心是一种不甘落后的心理。其实每个孩子天生都具有上进心，只不过随着成长经历的不同，才导致有些人的上进心逐渐消失了。

在学习方面，你要时刻告诉自己“我能行”，要有自信，树立一个积极向上的目标，给自己不竭的前进动力。不要一上来就定很难的目标，还是那个方法，你要一步步来，可以从易到难逐渐改变，促使你永不放弃。

第六，责任心。

责任心包括两个方面：一是自己的事情自己做；二是自己的事情自己担。

要培养责任心，你要学会主动和独立，该是你做的事情，要认真学，认真做；能够自己做到的事情，就不要假手他人；不要想着占小便宜，而是要意识到你的获得要与你的付出成正比；出了问题、犯了错误，先在自己身上找原因并勇于承认，不说“不是我的错”，多说“我会改正我的问题”。

另外，责任心有一个最重要的内容，那就是孝道，你对父母的孝敬，就是你为人子女责任心最大的体现。有孝心的孩子，都是有责任感的孩子。所以你不妨从孝敬父母开始做起。

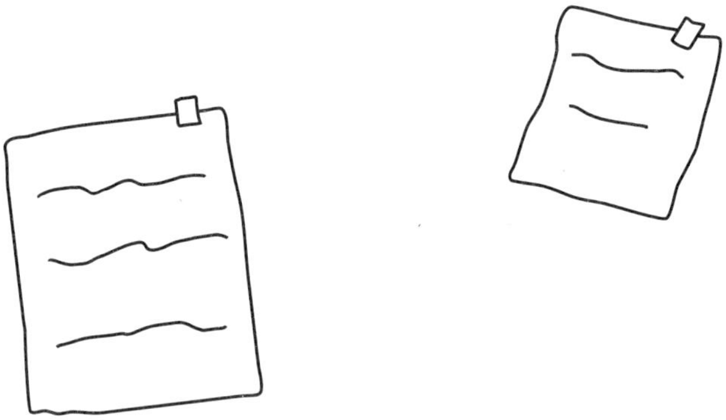

第十四章

不断超越自己，让优秀成为一种习惯

● 人的一生，到底什么时候才算是顶峰呢？

真要严格说起来，答案恐怕应该是，没有顶峰，因为你可以实现不断超越自我。

● 不断超越自己？听起来好难的样子。

其实每个人原本都希望自己可以变得越来越优秀，但是为什么那么多人始终都不能实现优秀？因为他总是放任自我。只要你愿意努力，愿意吃苦，那么明天的你就总会比今天的你更好，当你习惯了不断追求上进时，优秀也将会成为你的一种习惯，比今天的自己更优秀，你将不断攀登一个又一个人生巅峰。

永远不要把自己的进取心弄丢

不知道你有没有遇到过下面这样的同学？

他们其实并不是笨孩子，也不是差生，但却没有积极性，总是处于一种被动的状态。学习需要老师和家长的催促，不催不动；班级活动如果不主动找上来，他们是绝对不主动过去的；兴趣爱好也并不是很明显，遇到有什么事情，他永远都是“甘当尾巴”的那一类……这样的同学就好像是班里的“隐形人”，因为不够积极主动，没有足够的上进心，导致他们并不显眼，哪怕消失几天，可能都没有人会在意。

这些同学的种种表现，就是缺乏进取心的表现，他们看上去“与世无争”，可是他们却显得毫无活力，做什么事都不用心，当然成绩也就不会有多好。

实际上，上进心或者说进取心，是学习过程中所必需的个人品质，它可以激励你不断追求进步，会让你对学习与生活始终保持热情，也会让你不那么容易满足。这种超越自我的精神，能帮助你勇敢面对困难，给你勇气挑战自我。所以，送你一个最有用的建议，永远不要把自己的进取心弄丢，进取心是帮你拥有充实人生的重要保障。

那么，怎么来培养自己的进取心呢？

第一，确定合适的目标，让自己经常感受成功的喜悦。

心理学研究表明，经历成功，更容易让人产生积极上进的情绪，而遭遇失败，则容易让人产生消极退缩的情绪。所以，你可以寻找合适的目标，来让自己经常体验到成功的喜悦。

这些目标不一定很大，你完全可以利用平时学习过程中的小目标来实现“成功”。比如，保证下一次的作业一点错误都没有，如果实现了，那就再进一步，保证一周的作业一点错误都没有，若是再实现了，那就尝试半个月的作业一点错误都没有；还比如，某一次考试考了 70 分，那下一次考试争取考 75 分，然后逐次增加分值。这样的目标是一点点前进的，会让你看到自己的进步，更能让你时常感受成功，会促使你不断变得更好。

第二，给自己物色一个合适的“竞争对手”。

有时候只靠自己给自己打气，你可能也无法完全实现主动进去，因为人都是有惰性的。这个时候，你也可以换一种做法。前面提到过，处在学生时代的你，会期待获得别人的肯定和认可，一些适当的竞争可能会给你带来意想不到的结果。

比如有一位妈妈是这样做的：

> 我带着女儿去朋友家做客，朋友家有一个和女儿同龄的小男孩。我和朋友聊天的时候，我就发现她儿子表现很自然，对答如流，有自己的观点，对于我和朋友聊天的内容，他有时候也能发表意见。
>
> 女儿在一旁干坐着，看着我们三个人聊得很开心，她也觉得很羡慕，但却完全插不上话。
>
> 回家之后，女儿问我：“为什么那个孩子知道那么多事情啊？”
>
> 我说：“因为他看了很多书，这些都变成了他自己的知识。”
>
> 女儿听了之后，自己默默地回了房间，等到吃饭的时候她才出来，并告诉我：“妈妈，我以后也要开始好好看书了，我希望下次聊天的时候也能加入你们。”
>
> 果然从那之后，女儿变得爱看书了，而且只要是有意义的内容，什么书她都看。有时候她还会向我了解朋友儿子的情况，俨然是已经把对方当成了竞争对手。而女儿自己也在不知不觉中变得非常上进，凡事都不再犹豫推脱了。

这个女孩给自己找了一个良性竞争对手，她通过对方良好的表现来促进自我的进步，这样的竞争是非常有效的。你也可以参考这样的做法，在你的身边寻找一个可以与你共同进步的人。

不过你要注意的是，不要选那些和你水平相差太大的同学，比如你的成绩不过是班里的中下游，你非要去和名列前茅的几名同学去竞争，这会让你觉得对方高不可攀。你最好选择和你实力相近的同学，这样你们两人可以彼此共同进步，而你也不会丧失竞争的积极性。

第三，建立大格局，开阔大眼界。

你进取心的大小，其实还取决于你自身的格局与眼界。

就拿考试来说，如果你觉得考个全班第一就是你学生生涯的“顶峰”了，那么当你真的考到全班第一的时候，你可能就会止步不前；但如果你还希望考到全年级第一，你就不会满足于只超过班级第二名几分这个水平，而是开始从全年级同学的整体水平开始考虑；如果你再“心大”一些，想要考全区第一，那你就更应有不服输的心理，从而更加努力。

由此可见，你是不是能不断进取、不轻易满足，就看你是不是能看得更远。拥有大格局、高眼光，你才能走得更远。

所有的伟大都是“熬”出来的，对的事要坚持

现代社会中，很多人都显得特别浮躁，他们更希望获得一下子就能拿到的成功。在他们眼中，成功之路应该是这样的，“订立目标→开始行动→获得成功”，就这么简单的三步，然后就可以成功了。

但是，这只是成功之路的简化版，只是一种理想中的状态，而现实中通往成功的道路，永远都不会有被简化的可能。

订立目标，你要多方选择，也要多方考虑，不能定得太高，而也不能太低，要符合自己的能力水平，也要有一定的难度。

开始行动，你要有毅力，能坚持，要有耐性，能耐得住枯燥，还要有智慧，不去做无用功，而是能找到行动的正确方向，按照一定的计划勇往直前。

获得成功，你总要经历失败，一次性成功的可能性太小了，没有经历前面千万次的失败，你的成功永远都站不住脚。而成功之后就结束了吗？并不是的，你的道路不会有尽头，必须不断走下去，你的成功才显得有意义，否则昙花一现般的成功，迟早会被时间带走。

说了这么多，其实重点就是要对你强调一点，那就是没有什么成功是能一蹴而就的，所有的成功都要靠“熬”，你禁得住“熬”，你能有效率地“熬”，你的成功才会如期而至。而最重要的一点是，你还要保证你所“熬”的那件事，一定是正确的。

比如，对于还是学生的你来说，学习是你当下最关心的事，坚定决心去学

习，这是一件再正确不过的事情。而如果你想要学习成功，那么“熬”就是你唯一的出路了。

这里的“熬”，听上去就是在考验你的忍耐力，因为它的意思就是“忍受”，面对正确的事情，如果你想要获得成功，你就要忍受各种在你看来很难过的问题。

学习，你都要忍受什么？

忍受枯燥。虽然不断获取新知识会帮你打开眼界，会让你不断具备更多的技能，可是学生时代的学习，却不仅仅是学习新知识，你还要复习旧知识，你还要用这些旧知识去解答各种各样的问题，去经历大大小小的练习、考试。这个过程想想都觉得枯燥，除了做题练习，就是练习做题。

忍受失败。学习时代的失败真是一个又一个，你觉得自己某次考试考好了，但真正成绩出来却给你当头一棒；你以为自己都已经学会了，但真到了实际操作，你却两眼一抹黑什么都做不来。不仅如此，你还会不断地经历上课答不出来问题、被后面的同学在成绩上超越、受到老师和家长的指责、感受同学那“他怎么居然考那么低”的眼神的问候……这些失败带给你的难过心理，是你不能逃避的。

忍受漫长。对于每个人来说，学习生涯都是漫长的。一般来说，每个人都至少要从小学上到初中，这是国家规定的九年义务教育；在这之后，绝大多数人还必须要考进高中，继续接受教育；而高中毕业后，考入大学又是大部分人的选择，因为“知识改变命运”是很多人认同的真理，那么大学里你就又将继续经历四五年的学习；若是你还有继续深造的想法，接下来得硕士、博士，又需要时间；若是你还觉得自己想要学得更多，那时间可就无穷无尽了。这漫长的时间中，你最主要要做的只有一件事——学习。

看上去好像很可怕吗？其实这只是心理作用罢了。学习是你的主业，如果你自己都不能下定决心去“熬”，那么没有人会帮你完成它。

除了学习，你的人生还要经历很多事，所以你最好树立好自己的价值观，守住自己的原则，这样你就能知道什么事情是值得你去坚持的，也知道什么样的事情是可以果断放弃的。这样你就不会出现“熬”错了坚持、浪费了时间的情况。

而当你坚定了要做一件事之后，就要开始忍受“熬”的阶段。成功本来就需要时间，只要是正确的，是符合你的需求的，你就必须要付出“熬”的过程，让自己在时间中逐渐沉淀下来，去感受历经付出之后的自我蜕变。就像蝉，它的一生中大部分时间都躲在地下，它们往往需要几年甚至十几年的时间，才从地底爬出来蜕变，从满身的泥土、只能爬行的模样，变成可以在阳光下歌唱、飞翔的样子。

没有什么成功是可以不经历“熬”就能实现的，如果有，那它一定还算不得是真正的成功。你也要做一个坚持原则、坚持自我、坚持“熬”的人，去做你想做的事，获得你想要的成功。

面对各种诱惑，一定要 hold 住自己

想要成为一个优秀的人，就要能在各种诱惑面前把控住自我，这样你才能在自我坚持的道路上继续前行。但作为学生来说，你的自控能力并不强，好奇心会促使你接触更多新生事物，且不论好坏，所以，你很容易就被形形色色的诱惑带跑，进而出现各种问题。

比如，电子游戏、不合时宜的恋情、赌博游戏、未知的毒品饮食，都会成为你学习道路上的绊脚石。如果你的注意力都被这些东西拉走，别说保持学习状态，恐怕就连正常的生活都会被打乱，更谈不上超越自我，追求优秀了。

有人可能会说了，反正老师和爸爸妈妈会帮我看着，他们还能不管我吗？作为教育者，他们有责任对你进行教育。可是最直接、最有效的方法，还是你自己能够控制好自己，能够 hold 住自己，让自己不那么轻易被诱惑。

要实现这一点，建议你这样来做：

多培养健康爱好，少接触网络。

想要一块地少生杂草，最好的方法是在这块地上种上庄稼，剩下的只要及时清理偶尔冒出的杂草就足够了。同样道理，想要少接触不良诱惑，那就多培养积极健康的爱好。

如果你曾经沉迷于网络，不管是沉迷网络游戏还是沉迷网络交友，其实都反映出你是个爱好贫乏的人。正因为无事可做，所以你才会沉迷其中。那么

解决的办法就是多培养一些积极健康的兴趣爱好，比如下棋、画画、唱歌、弹琴，还可以酌情参加一些兴趣班，让自己的时间充实起来，摆脱网络对你的纠缠。

尤其是对待网络游戏，你要能主动从中走出来，不要沉迷于游戏的世界，反而忽略了正常的真实世界。你总归是要活在真实里的，游戏偶尔玩一下可以算作消遣，但若是每天都不放手那就成了不良嗜好。你要懂得节制，也要分得清虚拟与现实，要让现实生活中的正常健康的爱好来取代你对虚拟世界的依赖。

多阅读积极健康的书籍，少沉迷电视剧。

不正确的三观、不合理的爱情观，很多都来源于一些不负责任的电视剧，如果你看得太多，那么你对于某些情感的需求就会出现不正常的追捧。比如，很多女孩子羡慕“王子和公主”的故事，羡慕电视剧里的爱情，于是她们在现实生活中也开始追求这样的爱情，甚至没有了羞耻心，这就明显被诱惑影响了。

所以建议你不要总看那些无聊的电视剧，找一些积极健康的书籍，借助书中健康向上的内容提升自己的个人素养，提升自己的人生观、价值观，寻求更高尚的情感理解，而不只是简单地沉迷于电视剧所营造出来的浮夸的世界。

而且，好书带给你的精神洗涤是强劲的，它不仅给你更多的知识，也会大幅度提升你的思想境界。

多建立正常健康的友谊，少结交损友。

益友助你进步，损友拉你下水，这是再明白不过的一条道理。所以有时候你也要跳出来看看你和朋友建立的友谊是怎样的友谊，回忆一下他们给你带来了什么，是让你学习方面更有信心，还是在不停地告诉你“不学习才快乐”。随着成长，你对学习给你带去的影响应该越发了解了，你也要能感受到周围人对你的影响。

如果你刚好处在损友圈中，赶紧“正己身”是很重要的；如果周围朋友被你影响，也一起变好，那么你们还有共同进步的可能；但如果周围人并不允许你发生改变，建议你还是尽早脱离错误的朋友圈比较好。

多结交益友，让朋友成为你成长的一面镜子，照出你的问题，照出你的缺点，也照出对方的好，照出对方的榜样力量。只有益友才能成为你前进路上真正的助力。

多听从老师和父母的教诲，少自作主张。

建议你和老师或者爸爸妈妈有空儿聊聊天，他们毕竟是成年人，他们对于很多不良诱惑都有更为清醒的认识，也会有更为有效的抵御方法。你可以求助，也可以把你的疑惑讲给他们听，当然你要好好说，要带着求教的虚心去说，真正关心你的老师和爱你的父母，会给你最贴近于你的需求的帮助。

另外，平时老师和父母多少也会给你一些提醒，告诉你远离不良诱惑，你不要觉得那是他们唠叨。俗语讲“不听老人言，吃亏在眼前”，这个“老人”，不一定是上岁数的人，也包括社会经历丰富的人，你的老师和父母恰好可能就是这样的人。来自“过来人”的教诲，对你而言就是帮你少走弯路的“警世名言”，所以在面对诱惑时，做个听话的孩子也不是什么坏事，总要好过你一时好奇的自作主张，毕竟那可能真的会害人更害己。

一步一个脚印，脚踏实地才会更优秀

虽然我们不否认有的人的确能做到一步迈好远，可是更多的人要想实现成长，只能是一步一步向前走。任何想要跳过去乃至于飞过去的想法，都是不切实际的，都不可能让你获得更扎实的成功。

学习更是需要一步一个脚印的努力，因为学习知识是一种越踏实才学得越好的行为，而且很多知识还不只是学一遍，需要反复多遍才能彻底搞明白。学习是最需要根基扎实的，否则基础尚且飘摇，之后的知识就更没法做到融会贯通。在学习方面，试图建立空中楼阁是个笑话，没有人可以不经过前面的一步步前进就获得日后的好成绩。学习依靠的是积累，是反复的练习，历经千锤百炼，你才有资格说“学有所成”。而至于说成功，则是要看你所学是否能真正发挥作用，如果不能，那你就还需要“回炉再造”。

你看，学习是不是一件很严谨的事情呢？前一步走不好，后面每一步就都走不好。

既然如此，请你学会脚踏实地。

第一，尊重基础知识，并做好你应做的事。

就学习而言，只有基础扎实，你才能实现继续学习。比如英语阅读，你可能很难上来就读，你需要先学习 26 个字母，然后学习发音，学习音标，然后学习拼读，再学习英语单词、短语，再了解它们是什么意思，有了坚实的基础，你才可能去阅读英语文章。这环环相扣的知识内容，最主要的恰恰就是第一步的学习。即使是上来就读英语文章，那也是在大量听读、跟读的基础上才能做好的。总之，各式各样的基础是必需的。

有时候你觉得基础知识很简单。一般基础知识都是很简单的，正因为简单它才叫基础。可越是简单，才越需要你下功夫去记住、弄懂、学会应用。之后的知识都是建立在基础之上的，你对基础掌握得越牢靠，后面的知识大厦就筑得越高。所以当老师讲基础的时候，你要集中 120% 的注意力，去跟着老师打好自己的基础。

第二，理顺每一步之间的关系，不留糊涂账。

基础之后，便是知识彼此之间的联系，因为知识都是一步步推进的，而每一步与每一步又都有关系，你不能把它们分开来看，否则你所学的内容就是零散的，是毫无规律的。你要跟着老师去建立起它们彼此之间的联系，并理顺这些联系，这会让你知道你每一个下一步都怎么走，以免你迈错了步子导致无法向前。

可能你会觉得理顺联系有些难，如果你遇到了困难，要尽早去找老师、找同学、找父母寻帮助，不要留疙瘩，否则哪怕有一环没有扣住，都可能导致你日后寸步难行。

第三，勤于练习没有坏处，精练好过忙练。

要踏实地一步一个脚印，多练习是必要的行为，因为熟能生巧。“卖油翁”之所以能那么精准地把油倒入铜钱孔，只有一个秘诀，“唯手熟尔”。当你能完成足够练习时，你也可以让自己的每一步迈得更轻快。

当然，你的练习要有意义。看起来很忙却实际上在做无用功的练习，只会浪费你的时间和精力。你要知道自己即将练习的内容是什么，除了基本的内容，你还要格外关注自己的薄弱地方。通过练习，让自己从不熟练变成熟练，并找到窍门，积累技巧，选对方法，这样的练习才更有意义。

第四，懂得及时刹车，不要怕从头再来。

你学习上可能会遇到瓶颈，怎么都学不会；考试也会出现问题，屡次失败，怎么办？如果发现自己错了，那就及时刹车，改正就好，走了岔路，就赶紧走回来，从正确的方向上从头再来。这没什么不好意思的，知错就改是学习道路上最正确的应对方式之一。

想要踏实地前进，虚荣心最要不得。越早认识到自己的问题，越早去纠正，才能帮助你更快地回到正途上来。否则等你走进岔路深处，早已难以脱身，到那时可就悔之晚矣了。

第五，按照自己的速度去脚踏实地。

有的人走得快一点，因为他接受能力、理解能力都很强；有的人走得慢一些，他可能需要很久才能把基础知识打牢。每个人脚踏实地的速度都不同，不要看别人怎么样了，你应该更关注自己。

尤其是有时候你可能走得比别人快，有些人这时会表现得沾沾自喜，有些人则刚好相反，反而觉得“我太快了是不是不太好”，其实这都是多余的想法。你只要保证自己的表现是合格的，你能很清楚地感受到自己每一步的基础都已经打好，那么按照自己的速度全速前进就没有问题。

所有的优秀，都源于自律

所谓自律，就是指在没有别人现场监督的情况下，一个人可以做到自我约束，能够主动自觉地遵循基本的道德原则而行事。凡是优秀的人，都有一个共同的特质——自律。

因为自律，你就会自动回避那些违背道德原则的事情。比如不认真学习和工作，把时间和精力浪费在错误的事情上，等等，这些事情你都能主动远离。因为自律，你可以为自己规定正确的目标、制订可行的计划，并督促自己不断努力，直到成功；因为自律，你不会害怕困难，不会担忧失败，你可以进行自我调节，而不是去抱怨；因为自律，你不需要向别人证明什么，你可以做完全的自己，并为了自己而努力。所以说，自律是优秀的重要源头之一，这一点都不夸张。

学生时代的你也同样需要自律，因为如果你连正常的学习都做不到自我约束，那么你在其他事情上就更做不到了。你只有从学生时代就开始磨练自我，开始培养自己的自律，你才能取得好成绩，未来你的生活、工作才能沿着正确的轨道平稳前行。让你逐渐变得优秀，正是自律带给你的福利。

要实现自律，你可以按以下方法来做。

第一，养成按顺序做事的习惯。

毫无目的和计划性地去做事，会给你带来混乱感，没做几分钟你就会烦躁了。比如写作业，如果你想起写什么就写什么，可能你只写几个字之后就已经开始觉得无趣了。但按顺序做事就不一样了，你提前给所有要做的事情作了计划，先做什么、后做什么，时间被安排得明明白白，做起事来也就顺畅多了。

而一旦你养成这种按顺序做事的习惯，就会感受到这种规律性带给你的便利，久而久之你不管遇到什么事，都能习惯性地去安排它们的先后顺序。这不仅是你有规律生活的开始，也会促使你自觉主动地行动起来。

第二，逐渐放弃任何借口。

借口是自律的一大天敌，如果你自己都认可各种借口，那么你要做的事情就会被拖到无限期。比如到了写作业的时间，你却告诉自己“有些饿，吃完了东西再开始写”，等到吃完东西，你又告诉自己“不能立刻写，不然不好消化，也不利于思考，要休息一会儿，可以看会儿电视”，于是你打开电视，那接下来的时间可就消耗起来没了头。

所以，对于你准备要做的事情来说，不要找任何借口，一旦决定要做，那就赶紧行动，把想找借口的心思掐灭，多想想“我应该开始做什么了”，多提醒自己“我要尽快开始，没有任何借口”。如果你想在自己想做的事情上成功，你必须对你的借口宣战，并战胜它们。

第三，尊重一切正向的规则。

他律是自律的基石，依据各种正常理由而设定的规则，是在帮你认清标准和界限。所以在培养自律之前，你也可以从他律入手。

不管是家里定的规矩，还是老师的要求，又或者是社会公德的规定，你要学会尊重并努力遵守一切正向的规则。当你养成了良好的守规则习惯，这些规则就会变成你自己内心对自我的约束。一个简单的例子，几乎所有人都知道排队上车，这就是公共社会规则内化成自己的规则的一个最直接的表现。

第四，以自律的生活为目标。

你要知道一点，你并不是为了获得优秀才表现得自律，而是你养成了自律的习惯，才导致你变得优秀，你要搞清楚这二者的前后因果关系。显然自律并不是某种成功的特定表现，它是可以指向所有成功的必由之路。如果你拥有了自律的生活，养成了自律的习惯，那么不管你做什么，都会做到令你、令他人满意。

所以，你应该以自律的生活为目标，有意识地把自律这种行为变成一种长期、常规的行为，变成不需要你过多考虑就能自然表现出来的行为。

积极的自我暗示，有助于你变得更优秀

不知道你还有没有这样的记忆：小时候，你做某件事总是做不好，爸爸妈妈就在一旁鼓励你说“加油宝宝，你能行的”，然后你会感觉自己受到了莫大的鼓舞，接着你可能就会更勤奋地练习，直到自己可以把这件事做到、做完，甚至是做好。

这其实就是积极暗示的力量。有了积极暗示，你会对自己的能力产生一种肯定，这种肯定会给你带来足够的信心，进而激发你的潜能，让你能够发挥出自己全部的能量。

积极暗示所发挥的作用非常奇妙。正确使用积极的自我暗示，就是你在给那个遇到困难的自己、感觉苦恼的自己、愁眉不展的自己打气，与来自别人的帮助不同，自我的暗示是你对自己的肯定。

其实人也有这样的一种特性，他人的肯定固然重要，但你自己的肯定才会让你更为踏实。因为只有你自己先肯定了自己，你所表现出来的才是自信，他人的肯定也才能让你觉得心安理得，你才会对自己是否真的优秀有一个定论。举个简单的例子，比如你明知道自己就只有考 80 分的能力，但如果妈妈总是对你说“我觉得你考 100 分肯定没问题”，你是不是觉得很不切实际？但如果你对自己说“我觉得我自己可以努力一把冲击一下满分”，这效果就完全不同了，因为你首先相信了自己，这种积极的自我暗示才会开始发挥效用。

所以，为了让你自己变得更加优秀，你就要把积极的自我暗示利用起来。

首先，让自己变得积极乐观。

积极的自我暗示，一定来源于你本身所具有的积极乐观的态度，否则你自己总是悲观消极，看待自我就会有一种“我不行”的态度，积极的自我暗示根本就发挥不了作用。

你需要多关注美好的事物，从老师、父母、同学那里了解自己表现好的那一面，然后真的去认清楚自己到底是一个怎样的人，提醒自己“我还在成长，遇到问题没什么，我完全有机会变得更好”。让自己先变成一个积极乐观的人，然后你才可能向处于特殊情况时的自己表达积极的自我暗示。

其次，使用正确的自我暗示。

不管遇到什么问题，都暗示自己说“我能行”，这虽然也算是积极的自我暗示，可是这个“能行”所包括的范围太广了，而实际上你也并不是什么都能行。

正确的自我暗示表达，应该更具体一些，即便是自己暗示自己，你也要表达得清晰明确，要让自己的头脑认识到自己到底哪里可以做到，哪里又可以做好。比如，你背不过长篇古文，你可以暗示自己说，“前天我背过了两首长古诗，那两首诗加起来也差不多这么多字，这说明我的记忆能力没问题，所以今天我应该也能记得住这些内容”，然后你再去选择合适的方法来继续背诵学习，相信你很快就能挑战自我成功。

再次，给出更符合自己实际情况的自我暗示。

正确的自我暗示是一种对自我的激励，并不是一种超越现实的幻想，所以你的自我暗示一定要符合自己当下的实际情况。

比如，你可以暗示现在只能考 60 分的自己，“只要我努力，下次我可以提升 10 分”，但如果你直接暗示自己“我下次肯定能考 100 分”，这就有些“超纲”了。不符合实际的自我暗示，你自己其实不会太过相信，连你自己都无法相信的暗示，你也就只能当它是个笑话，暗示的作用完全发挥不出来。

所以，要让自我暗示真正发挥作用，你要认清自己的实际情况，要让自己从暗示中真正感受到经过努力可以实现的事情，让暗示真正化为推动的力量。

最后，不要只依赖自我暗示的力量。

自我暗示虽然具有强大的力量，但它只负责给你的心理注入兴奋剂，至于说你是不是能像自己暗示的那样出现奇迹，那还得看你是不是真的付出努力。自我暗示，只起到“助”你变优秀的作用，而非“使”你变优秀。

所以，你遇到事情没完没了地“暗示”，但暗示过后并不真的付出恰当的努力，那也是枉然。只有真正的努力才是对暗示最好的诠释。